Y hasta lo último
de la tierra:
Una historia ilustrada
del cristianismo

La era de
las tinieblas

Justo L. González

Y hasta lo
último de la tierra:
Una historia ilustrada
del cristianismo

TOMO 3

La era de las tinieblas

editorial
caribe

© 1978 Editorial Caribe
1360 N. W. 88 Ave.
Miami, Fla. 33172 EE.UU.

Cubierta: *El bautismo de Clodoveo*

Detalle del cuadro del Maestro de Saint-Gilles. Usado con permiso de National Gallery of Art, Washington, D.C.

Reservados todos los derechos. Prohibida la reproducción total o parcial de esta obra sin la autorización escrita de los editores.

Printed in U.S.A.
Impreso en EE.UU.

Dedicatoria

*A mis compañeros y maestros
del Seminario Evangélico de Teología,
y a los que antes y después
pasaron y han de pasar
por las mismas aulas.*

Contenido

Lista de ilustraciones	9
Cronología	11
I. Bajo el régimen de los bárbaros	19
Las causas y las etapas del desastre	20
El reino vándalo de Africa	27
El reino visigodo de España	30
El reino franco en la Galia	36
Las Islas Británicas	42
Resumen y conclusiones	55
II. El monaquismo benedictino	57
La vida de San Benito	61
La *Regla* de San Benito	63
El desarrollo del monaquismo benedictino	69
III. El papado	79
Origen del papado	79
León el Grande	81
Los sucesores de León	83
Gregorio el Grande	86
Los sucesores de Gregorio	95
IV. La iglesia oriental	105

Un bosquejo: los primeros siete concilios	106
Apolinario y el Concilio de Constantinopla	107
Nestorio y el Concilio de Efeso	111
Eutiques y el Concilio de Calcedonia	115
Los Tres Capítulos y el Segundo Concilio de Constantinopla	121
El monotelismo y el Tercer Concilio de Constantinopla	128
La cuestión de las imágenes y el Segundo Concilio de Nicea	129
V. Las iglesias disidentes	133
El nestorianismo en Persia	134
Los monofisitas de Armenia	136
Los monofisitas de Etiopía.................	145
Los monofisitas de Egipto y Siria	146
VI. Las conquistas árabes	149
Mahoma	149
Las conquistas de los califas	153
Consecuencias de las conquistas	156
VII. Bajo el régimen de los carolingios	159
Carlomagno	159
Los sucesores de Carlomagno	167
El sistema feudal	170
La actividad teológica.....................	173
VIII. La iglesia de Oriente después de las conquistas árabes	181
La expansión del cristianismo bizantino	182
Las relaciones con Roma	187
IX. Antes del alba, la noche oscura	191
Los normandos o viquingos	191
Los magiares o húngaros...................	195
La decadencia del papado	196

Lista de ilustraciones

1.	Mapa: Las invasiones de los bárbaros	23
2.	Los hunos	25
3.	Mapa: Los reinos germánicos	26
4.	Saqueo de Roma por los vándalos	28
5.	La muerte de Hermenegildo	32
6.	El triunfo de Clodoveo	37
7.	Bautismo de Clodoveo	38
8.	Carlos Martel	40
9.	Childerico el Estúpido	41
10.	Patricio bautiza a los irlandeses	43
11.	Misionero irlandés	44
12.	El rey Osvaldo	46
13.	Agustín ante Etelberto	48
14.	El rey Sigeberto sale a la batalla	49
15.	Telémaco	58
16.	Benito de Nursia	60
17.	Leyenda de San Benito	62
18.	Benito y Totila	63
19.	La copia de manuscritos	68
20.	Presentación de un niño ante el abad	70
21.	Escuela monástica	71
22-24.	Monjes dedicados al trabajo físico	72-73

25.	Monjes alimentando a los hambrientos	74
26.	Bonifacio en Geismar	75
27.	Gregorio el Grande	87
28.	Gregorio el Grande, según un manuscrito antiguo	96
29.	Cirilo de Alejandría	113
30.	Simeón el Estilita	120
31.	Mapa: El imperio de Justiniano	123
32.	Santa Sofía	124
33.	Justiniano y su corte	125
34.	Teodora y su corte	125
35.	Mapa: Las iglesias disidentes	134
36.	Obispo nestoriano del siglo XIX	137
37.	Gregorio el Iluminador	138
38.	Tiridates	140
39.	Sajak, Mesrop y sus discípulos	141
40.	Manuscrito en armenio	142
41.	Matanza de armenios en Turquía	144
42.	Entrada de Mahoma en Meca	151
43.	La predicación del Corán	152
44.	Entrada de Omar en Jerusalén	154
45.	Mapa: Las conquistas árabes	155
46.	Batalla de Tours	157
47.	La coronación de Carlomagno	160
48.	Carlomagno destruye el ídolo de Irminsul	161
49.	La conferencia de paz entre Carlomagno y Videquindo	162
50.	El bautismo de Videquindo	163
51.	El bautismo de los sajones	164
52.	Mapa: El imperio de Carlomagno	166
53.	El árbol de las batallas	171
54.	Señores y siervos	172
55.	El juicio de Dios	174
56.	Mapa: Las misiones bizantinas	182
57.	La llegada de los húngaros	184
58.	Desembarco normando	190
59.	Valquiria	192
60.	Un ataque normando	193
61.	Los normandos ante París	194

Cronología

EMPERADORES DE OCCIDENTE	EMPERADORES DE ORIENTE	PAPAS	PRINCIPALES ACONTECIMIENTOS
Honorio (395-423)	Arcadio (395-408)	Anastasio I (399-401) Inocencio I (401-417)	410 Toma de Roma por Alarico
	Teodosio II (408-450)	Zósimo (417-418) Bonifacio I (418-422)	
Valentiniano III (424-455)		Celestino I (422-432)	
		Sixto III (432-440)	430 Muerte de San Agustín
		León I (440-461)	431 Concilio de Efeso
	Marciano (450-457)		450 Conversión de Exana
Máximo			451 Concilio de Calcedonia
Avito			452 León ante Atila
Mayoriano			453 Muerte de Atila
	León I (457-474)		455 Vándalos toman a Roma
Severo (461-464)		Hilario (461-468)	
Antemio (467-471)		Simplicio (468-483)	
Olibrio			
Glicerio	León II (474)		
Nepos	Zenón (474-475)		
Rómulo Augústulo	Basilisco (475-476)		476 Odoacro depone a Rómulo Augústulo

EMPERADORES DE OCCIDENTE	EMPERADORES DE ORIENTE	PAPAS	PRINCIPALES ACONTECIMIENTOS
	Zenón (el mismo) (476-491)		482 *Henoticón*
		Félix III (483-492)	493 Fin de los hérulos en Italia
	Anastasio I (491-518)	Gelasio I (492-496)	496 Bautismo de Clodoveo
		Anastasio II (496-498) Símaco (498-514) Hormisdas (514-523)	
	Justino I (518-527)	Juan I (523-526) Félix IV (526-530)	524 Muerte de Boecio 526 Muerte de Teodorico 529 *Regla* de San Benito
	Justiniano I (527-565)	Bonifacio II (530-532) Juan II (533-535) Agapito I (535-536)	533 Toma de Cartago por Belisario 534 Borgoñones conquistados por los francos
		Silverio (536-537) Vigilio (537-555)	546 Totila toma a Roma 553 II Concilio de Constantinopla
	Justino II (565-578)	Pelagio I (556-561) Juan III (561-574)	562 Bizantinos completan conquista de Italia 568 Lombardos invaden Italia

Cronología

Tiberio I (578-582)	Benedicto I (575-579)	589 Conversión de Recaredo
	Pelagio II (579-590)	589 Lombardos destruyen Montecasino
Mauricio (582-602)	Gregorio I (590-604)	597 Agustín en Inglaterra
Focas (602-610)	Sabiniano (604-606)	
	Bonifacio III (607)	
Heraclio (610-641)	Bonifacio IV (607-615)	
	Deodato I (615-618)	
	Bonifacio V (619-625)	622 Mahoma se refugia en Medina
	Honorio I (625-638)	630 Mahoma toma a Meca
		632 Muerte de Mahoma
	Severino (638-640)	636 Muerte de Isidoro de Sevilla
Constantino III Heraclonas (641)	Juan IV (640-642)	
Constante II (641-668)	Teodoro I (642-649)	
	Martín I (649-655)	
	Eugenio I (655-657)	
	Vitaliano (657-672)	
Constantino IV (668-685)	Deodato II (672-676)	663 Sínodo de Whitby
	Domno (676-678)	
	Agatón (678-681)	680-681 III Concilio de Constantinopla
	León II (681-683)	
	Benedicto II (684-685)	
Justiniano II (685-695)	Juan V (685-686)	
	Conón (686-687)	

EMPERADORES DE OCCIDENTE	EMPERADORES DE ORIENTE	PAPAS	PRINCIPALES ACONTECIMIENTOS
	Leoncio (695-698) Tiberio II (698-705) Justiniano II (el mismo) (705-711)	Sergio I (687-701) Juan VI (701-705) Juan VII (705-707)	
		Sisinio (708)	
	Filípico (711-713) Anastasio II (713-715) Teodosio III (715-717) León III (717-741)	Constantino (708-715) Gregorio II (715-731)	711 Tarik en España 716 Bonifacio en Países Bajos
	Constantino V (741-775)	Gregorio III (731-741) Zacarías (741-752)	732 Batalla de Tours
		Esteban II (752-757)	751 Astolfo toma a Ravena 752 Coronación de Pipino 754 Prohibición de las imágenes
		Paulo I (757-767) Esteban III (767-772)	771 Carlomagno rey de todos los francos
		Adriano I (772-795)	772 Carlomagno ataca a los sajones 787 II Concilio de Nicea
	León IV (775-780) Constantino VI (780-797)		
	Irene (797-802)	León III (795-816)	

Cronología

Carlomagno (800-814)

Ludovico Pío (814-840)

Nicéforo I (802-811)
Stauracio (811)
Miguel I (811-813)
León V (813-820)

Miguel II (820-829)

Esteban IV (816-817)
Pascual I (817-824)
Valentín (827)
Gregorio IV (827-844)

Lotario I (840-855)

Luis II (855-875)

Teófilo (829-842)
Miguel III (842-867)

Sergio II (844-847)
León IV (847-855)
Benedicto III (855-858)
Nicolás I (858-867)

845 Normandos toman a París

857 Focio, patriarca
863 Cirilo y Metodio en Moravia
865 Conversión de Boris
869 Muere Cirilo

Basilio I (867-886)

Adriano II (867-872)
Juan VIII (872-882)

Carlos el Calvo (875-877)
Carlos el Gordo (881-888)

Marino I (882-884)
Adriano III (884-885)
Esteban V (885-891)

885 Muere Metodio

León VI (886-912)

Guido de Espoleto
 (891-894)
Lamberto de Espoleto
 (894-898)

Formoso (891-896)

Bonifacio VI (896)
Esteban VI (896-897)
Romano (897)
Teodoro II (897)
Juan IX (898-900)
Benedicto IV (900-903)

Arnulfo (898-899)

EMPERADORES DE OCCIDENTE	EMPERADORES DE ORIENTE	PAPAS	PRINCIPALES ACONTECIMIENTOS
Luis III (901-911)		León V (903) Sergio III (904-911) Anastasio III (911-913)	906 Húngaros destruyen reino moravo
	Alejandro (912-913) Constantino VII (913-959)	Landón (913-914)	
		Juan X (914-928)	917 Rey de Bulgaria toma título imperial 927 Patriarcado de Bulgaria
Berengario (915-924)		León VI (928-929) Esteban VII (929-931) Juan XI (931-935) León VII (936-939) Esteban VIII (939-942) Marino II (942-946) Agapito II (946-955)	
Enrique I (933-936) Otón I (936-973)			
	Romano II (959-963) Nicéforo II (963-969)	Juan XII (955-963)	950 Olga de Rusia
		León VIII (963-964)	
		Benedicto V (964) León VIII (el mismo) (964-965) Juan XIII (965-972)	

Otón II (973-983)	Juan I (969-976)	Benedicto VI (973-974)	
Otón III (983-1002)	Basilio II (976-1025)	Benedicto VII (974-983)	
		Juan XIV (983-984)	
		Bonifacio VII (984-985)	
		Juan XV (985-996)	
		Gregorio V (996-999)	
		Silvestre II (999-1003)	(Juan XVI fue antipapa)
Enrique II (1002-1024)		Juan XVII (1003)	
		Juan XVIII (1003-1009)	
		Sergio IV (1009-1012)	
		Benedicto VIII (1012-1024)	
Conrado II (1024-1039)		Juan XIX (1024-1033)	
	Constantino VIII (1025-1028)		
	Romano III (1028-1034)	Benedicto IX (1033-1045)	
	Miguel IV (1034-1041)		
Enrique III (1039-1056)	Miguel V (1041-1042)		
	Zoé y Teodora (1042)		
	Constantino IX (1042-1055)	Gregorio VI (1045-1046)	
		Clemente II (1046-1047)	
		Dámaso II (1048)	
		León IX (1049-1054)	1054 Humberto excomulga a Miguel Cerulario

I.
Bajo el régimen de los bárbaros

Si sólo para esto los bárbaros fueron enviados dentro de las fronteras romanas, para que [...] la iglesia de Cristo se llenase de hunos y suevos, de vándalos y borgoñones, de diversos e innumerables pueblos de creyentes, loada y exaltada ha de ser la misericordia de Dios, [...] aunque esto sea mediante nuestra propia destrucción.

Pablo Orosio

El viejo Imperio Romano estaba enfermo de muerte, y no lo sabía. Allende sus fronteras del Rin y del Danubio bullía una multitud de pueblos prontos a irrumpir hacia los territorios romanizados. Estos pueblos, a quienes los romanos, siguiendo el ejemplo de los griegos, llamaban "bárbaros", habían habitado los bosques y las estepas de la Europa oriental durante siglos. Desde sus mismos inicios el Imperio Romano se había visto en la necesidad constante de proteger sus fronteras contra las incursiones de los bárbaros. Para ello se construyeron fortificaciones a lo largo del Rin y del Danubio, y en la Gran Bretaña se construyó una muralla que separaba los territorios romanizados de los que aún quedaban en manos de los bárbaros. A fin de viabilizar la defensa, se hicieron repartos de tierras entre los soldados, que en calidad de colonos vivían en ellas, a condición de acudir al campo de batalla en caso necesario.

De este modo el Imperio Romano pudo defender sus fronteras hasta mediados del siglo IV. Pero a partir de entonces su defensa se hizo cada vez más difícil, hasta que por fin toda la porción occidental del Imperio sucumbió ante el empuje de los invasores.

Las causas y las etapas del desastre

Se ha discutido mucho acerca de las causas de la caída del Imperio Romano. En la misma época en que los acontecimientos estaban teniendo lugar, no faltaron paganos que dijeron que el desastre se debía a que el Imperio había abandonado sus viejos dioses, y que por tanto éstos le habían retirado su protección. Esta acusación, que ya desde el siglo segundo se acostumbraba dirigir a los cristianos ante cualquier calamidad, no presentaba novedad alguna. Frente a ella, los cristianos respondían que la causa de los acontecimientos que estaban teniendo lugar era el pecado de los romanos, y en particular de los paganos entre ellos. Dios estaba castigando a Roma, no sólo por haber perseguido a los cristianos, sino también y sobre todo por sus costumbres licenciosas y por su falta de fe. En épocas más recientes, ha habido historiadores que han adoptado una de estas dos explicaciones, aunque modificándolas de acuerdo a los nuevos tiempos. Así, por ejemplo, hay quien dice que Roma cayó por haberse hecho cristiana, pues el pacifismo que predicaban los cristianos debilitó su poderío militar. Empero tal opinión se olvida de que, cuando Roma cayó, tanto los que la defendían como los godos que la tomaron eran cristianos, según veremos más adelante. Frente a tal opinión, hay quienes repiten todavía la interpretación según la cual la caída del Imperio se debió a sus vicios, y toman de ello lección que ha de ser aplicada en nuestros días. Pero el hecho es que no hay pruebas de que los vicios de los romanos hayan sido mayores en el siglo quinto que en el primero.

Las razones de la caída del Imperio son mucho más complejas. El Imperio tenía que sucumbir, porque era imposible mantener el desequilibrio que existía entre la vida de sus súbditos y la de los bárbaros. A un lado del Rin y del Danubio, la vida era mucho más fácil que al otro lado. En consecuencia, los bárbaros se sentían atraídos por las riquezas del Imperio. Frente a ellos, los defensores de la vieja civilización, acostumbrados como estaban a la vida muelle que dan las riquezas, podían ofrecer poca resistencia efectiva.

Por estas razones, cuando los bárbaros comenzaron a atravesar las fronteras, y por alguna razón el Imperio no estaba pronto a la defensa, se acudió repetidamente al recurso de los ricos: comprar la buena voluntad de la oposición. A los bárbaros se les daban entonces tierras, y bajo el título de "federados" se les permitía vivir dentro de las fronteras del Imperio, a cambio de que lo defendieran contra cualquiera otra incursión por parte de algún otro grupo. El resultado fue que pronto la mayor parte del ejército estuvo constituida por soldados bárbaros, frecuentemente bajo el mando de oficiales del mismo origen. Tales tropas se consideraban a sí mismas romanas, y en ocasiones defendieron el Imperio valientemente. Pero en otras ocasiones sencillamente se rebelaron contra la autoridad imperial, y siguieron sus propios intereses. Buena parte de los bárbaros que causaron gran consternación en la cuenca del Mediterráneo eran de hecho soldados del Imperio. Así, por ejemplo, el godo Alarico, cuyas tropas tomaron y saquearon a Roma en el 410, era oficial del ejército romano, y como tal había luchado en la batalla de Aquilea en el 394, bajo el mando del emperador Teodosio.

Por su parte, los romanos también sentían cierta curiosa atracción hacia los bárbaros. Señal de esto es el hecho de que muchos emperadores gustaban rodearse de una guardia de soldados germanos. En medio de su vida muelle y aburrida, no faltaban romanos que miraran con nostalgia hacia la vida al otro lado de las fronteras. Esto llegó a tal punto que la princesa Honoria le envió al huno Atila una carta de amor y un anillo, ofreciéndosele en matrimonio.

Además, hoy sabemos que en regiones muy distantes de las fronteras del Imperio estaban teniendo lugar acontecimientos que a la postre precipitarían las invasiones de los bárbaros. Durante siglos los hunos habían vivido en las estepas asiáticas. Los hunos son probablemente los mismos que aparecen en los anales chinos bajo el nombre de yung-nu, y contra los cuales se comenzó a construir en el siglo III a.C. la Gran Muralla de la China. Puesto que la resistencia china era invencible, los hunos comenzaron su expansión hacia el occidente. Además, es posible que ellos mismos hayan sido empujados por los mongoles y por cambios en el clima, que los obligaban a buscar nuevas tierras. En todo caso, a principios de la era cristiana los hunos atravesaron el Ural, penetrando así en Europa, y comenzaron a ejercer presión sobre los pueblos germánicos que vivían en la Europa oriental. Alrededor del año 370, los hunos cayeron sobre los ostrogodos, quienes dominaban la costa norte del Mar Negro, y destruyeron su imperio. Un fuerte contingente ostrogodo, al mando de Atanarico, se dirigió hacia los montes Cárpatos, donde comenzó a presionar a los visigodos (véase el mapa en la página 23).

El resultado de todo esto fue que una muchedumbre de visigodos, al mando de Fritigernes, se presentó ante las fronteras del Danubio pidiendo instalarse en territorio romano. Tras una serie de negociaciones, los visigodos fueron admitidos en calidad de "federados". Pero pronto se rebelaron y tomaron las armas contra el Imperio. Fue entonces que tuvo lugar la batalla de Adrianópolis (año 378), a que nos hemos referido en el volumen anterior. Allí la caballería goda derrotó a la infantería romana, y durante cuatro años los godos desolaron la comarca, llegando hasta las murallas mismas de Constantinopla. Por fin, en el 382, el emperador Teodosio logró un tratado de paz con ellos.

Empero la paz no duró largo tiempo. Roma no estaba dispuesta a compartir sus riquezas con los godos, ni tampoco a defenderlas. Por tanto, en el 395 los godos se paseaban de nuevo por Grecia, saqueando los campos y las pequeñas poblaciones, y obligando a los habitantes de la región a refugiarse en las ciudades amuralladas, donde el pánico y el hambre abundaban. Luego siguieron su marcha por toda la costa este del mar Adriático, penetraron en Italia, y en el 410 tomaron y saquearon la ciudad de Roma. Alarico, el jefe que había guiado a su pueblo en estas últimas campañas, murió el mismo año. Pero ya los visigodos habían mostrado su poderío. Continuaron hacia el sur de Italia, pensando atravesar el Mediterráneo y establecerse en Africa. Pero una tormenta se lo impidió, y decidieron entonces marchar hacia el norte, donde se establecieron por algún tiempo en el sur de lo que hoy es Francia. Fue allí que se entrevistaron con ellos los emisarios del emperador Honorio, que venían a solicitar sus servicios para luchar contra los bárbaros que se habían establecido en España.

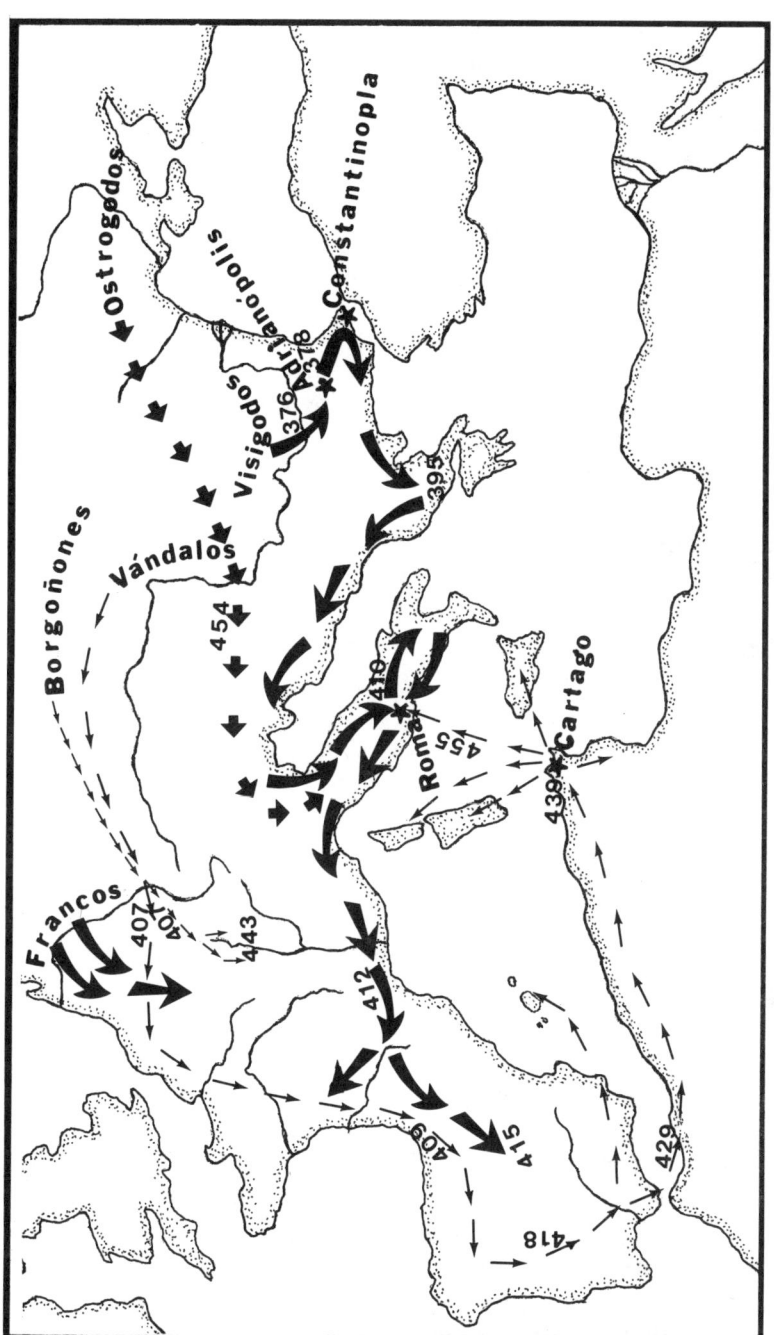

Las invasiones de los bárbaros

A fines del año 406 y principios del 407, se habían desplomado las fronteras del Rin. Una muchedumbre de pueblos germanos penetró entonces en el Imperio, y desoló los campos de lo que hoy es Francia. De allí, los suevos y los vándalos pasaron a España, donde parecían haberse establecido definitivamente. Fue contra estos pueblos que el emperador Honorio solicitó los servicios de los visigodos, a la sazón bajo el mando de Ataúlfo, cuñado del difunto Alarico.

Ataúlfo y los suyos marcharon a España y, aunque el jefe godo murió en Barcelona en el 415, la conquista de la península continuó. Pronto los suevos quedaron arrinconados en el noroeste de la península, mientras que los vándalos que no fueron exterminados se vieron obligados a partir hacia las Islas Baleares (año 426) o hacia el norte de Africa (año 429). Los visigodos quedaron entonces como dueños de toda España (excepto los territorios suevos) y buena parte de las Galias.

Pero la política de Honorio no había dado buenos resultados, pues ahora los vándalos invadían el norte de Africa. Como hemos visto en el volumen anterior, se encontraban frente a las murallas de Hipona cuando murió San Agustín en el 430. Nueve años más tarde tomaron la ciudad de Cartago, y desde allí dirigieron ataques contra las islas del Mediterráneo (Sicilia, Cerdeña y Córcega). Por fin, en junio del 455, tomaron y saquearon la ciudad de Roma, tomando por excusa el asesinato del emperador Valentiniano III, cuya viuda e hijas decían defender.

En el entretanto, la Galia (aproximadamente el territorio de la actual Francia y Suiza) sufrió las consecuencias de ser uno de los principales caminos por los cuales los bárbaros se adentraban en el Imperio. La ola de vándalos, suevos y alanos que cruzó el Rin a partir del 406 desoló la región antes de continuar su marcha hacia España. Tras ellos, particularmente en el sur y el oeste de la Galia, vinieron los visigodos. En el 451, las hordas de Atila sembraron el terror, y muchos esperaban su retorno cuando Atila murió en el 453 y el imperio de los hunos se deshizo. En el sudeste de la Galia los borgoñones habían recibido tierras como "federados" del Imperio. Pero a partir del 456 se salieron de sus territorios y comenzaron a hacerles la guerra a sus vecinos y a conquistar sus tierras y sus ciudades. Mientras tanto, en el norte de la Galia, los francos, que también habían sido "federa-

Bajo el régimen de los bárbaros / 25

En el año 451, los hunos sembraron el terror por toda Europa. Ante las tropas de Atila, "el azote de Dios", tanto bárbaros como romanos huían despavoridos.

dos" del Imperio, se extendían hacia el oeste, hasta las fronteras de los territorios visigodos.

En vista de todos estos desastres, las tropas romanas sencillamente abandonaron la Gran Bretaña, dejando la isla a merced de los anglos y sajones, que pronto la invadieron.

Por último, los ostrogodos, que se habían recuperado de su gran derrota a manos de los hunos, se posesionaron de Italia y de toda la región al norte de esta península.

En resumen, a fines del siglo V la porción occidental del Imperio Romano había quedado dividida entre una serie de reinos bárbaros. De éstos los más importantes eran el de los vándalos en el norte de Africa, el de los visigodos en España, los siete reinos de los anglos y los sajones en la Gran Bretaña, el de los francos en la Galia, y el de los ostrogodos en Italia. Cada uno de ellos recibirá especial atención en una sección aparte del presente capítulo. Pero antes de pasar a tales secciones hay dos aclaraciones que son de gran importancia para el curso futuro de la historia de la iglesia.

La primera de estas aclaraciones es que los diversos jefes o reyes bárbaros no se consideraban a sí mismos independientes del Imperio Romano. Muchos de ellos habían cruzado las fron-

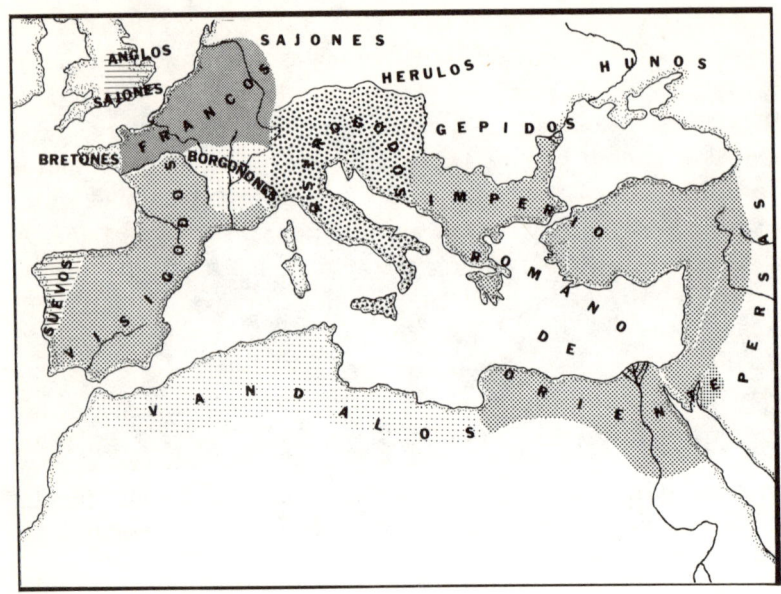

Los reinos germánicos

teras con permiso del Imperio, para establecerse como "federados". Otros, aunque al principio invasores, habían terminado poniendo sus armas al servicio del Imperio frente a algún otro pueblo bárbaro. A la postre, todos continuaban declarándose súbditos del Imperio Romano. Su propósito no había sido destruir la civilización romana, sino participar de sus beneficios. Por tanto, aun cuando muchas veces sus campañas y sus políticas destruyeron mucho de esa civilización, a la larga casi todos los pueblos establecidos en el viejo Imperio terminaron por romanizarse. Esto puede verse hasta el día de hoy en los idiomas que se hablan en España, Portugal, Francia e Italia, cuyas raíces se encuentran mucho más en la lengua latina que en las de los bárbaros.

La segunda aclaración es que muchos de estos invasores eran cristianos. En el siglo IV, cuando los visigodos se encontraban al norte del Danubio, había habido entre ellos misioneros provenientes de la porción oriental del Imperio Romano. El más famoso de ellos, de quien sólo conocemos el nombre godo de Ulfilas, había diseñado un modo de escribir la lengua gótica, y había traducido las Escrituras a ella. Además, en tiempos del emperador Constancio había habido en Constantinopla un fuerte contingente de soldados godos al servicio del Imperio. Muchos de estos soldados se hicieron cristianos, y después regresaron a su pueblo con su fe. Puesto que todos estos contactos tuvieron lugar en época del apogeo del arrianismo en el Oriente, los visigodos se convirtieron a esa forma de la fe cristiana. A través de ellos, también los ostrogodos, los vándalos y otros pueblos bárbaros se hicieron cristianos arrianos. La falta de documentos nos impide conocer los detalles de esta rápida y enorme expansión del cristianismo allende las fronteras del Imperio. Si los conociéramos, probablemente serían una de las más interesantes páginas en la historia de la iglesia. En todo caso, el hecho es que muchos de los bárbaros que en el siglo V se establecieron en Africa, España e Italia eran arrianos.

Esto tuvo serias consecuencias, pues hasta entonces la cuestión del arrianismo nunca había sido debatida en la porción occidental del Imperio como lo había sido en la oriental. Por tanto, buena parte de la historia de la iglesia durante los siglos V y VI consistirá en el conflicto entre el arrianismo y la fe católica. (El modo en que aquí utilizamos el término "fe católica" no se refiere al catolicismo romano actual, sino sencillamente a la fe de quienes aceptaban la doctrina trinitaria que había sido promulgada en los concilios de Nicea y Constantinopla. En este sentido, tanto los protestantes como los católicos del siglo XX sostienen la "fe católica" frente al arrianismo). Lo que estaba en juego era, primero, si los arrianos obligarían a los católicos a convertirse, o viceversa; y, segundo, si los bárbaros que todavía eran paganos se harían católicos o arrianos.

Pasemos entonces a narrar el curso de los acontecimientos en los principales reinos bárbaros.

El reino vándalo de Africa

Uno de los reinos de más breve duración fue el que establecieron los vándalos al norte de Africa. Y sin embargo, su corta existencia fue de gran importancia para la historia de la iglesia. Al mando de Genserico, los vándalos tomaron la ciudad de Cartago en el 439, e hicieron de ella la capital de su reino. Pronto

Los vándalos tomaron y saquearon la ciudad de Roma en el 455. En este caso los daños fueron aún mayores que cuando Alarico tomó la misma ciudad en el 410.

éste se extendió a toda la mitad occidental de la costa norte de Africa. Desde allí emprendieron una serie de incursiones que pronto los hicieron árbitros de la navegación en el Mediterráneo oriental. Así se hicieron dueños de Cerdeña, Córcega y, por algún tiempo, Sicilia. Por fin, en el 455 tomaron y saquearon la ciudad de Roma. Y en ese caso el estropicio fue aún mayor que cuando Alarico y los godos tomaron la ciudad.

Genserico era arriano convencido, y por tanto trató de forzar a sus súbditos a aceptar la fe arriana. Puesto que en los territorios que había conquistado había muchos creyentes católicos (así como donatistas, según hemos narrado en el volumen anterior), pronto se desató la persecución. Todas las iglesias fueron confiscadas y entregadas a los arrianos, al tiempo que se expulsaba del país a los obispos católicos.

A la muerte de Genserico, en el 477, le sucedió Unerico, quien al principio fue más comedido en su política religiosa. Pero Genserico había establecido toda una jerarquía arriana, bajo la dirección de un patriarca de Cartago, y cuando hubo un conflicto entre dicho patriarca y el obispo católico de la ciudad la persecución se desató con más fuerza que antes. Unerico les prohibió a sus súbditos vándalos hacerse católicos o asistir al culto católico. Y poco después prohibió enteramente el culto católico, y expulsó a los obispos y a buena parte del clero de esa persuasión. Muchos fueron torturados, y a algunos se les cortó la lengua. Fue por razón de esta persecución que el término "vandalismo" adquirió el sentido que hoy tiene.

Unerico murió en el 484, y entonces amainó la persecución. La política del rey Trasamundo fue dejar que el catolicismo muriera por sí sólo, sin perseguirlo abiertamente. Con ese propósito continuó la prohibición de que los vándalos se hicieran cristianos, y promovió debates entre los católicos y los arrianos. En tales debates el obispo Fulgencio de Ruspe salió a relucir como uno de los grandes defensores de la ortodoxia.

Por fin, bajo el gobierno de Ilderico, se les dio más libertad a los católicos. Fulgencio de Ruspe se puso a la cabeza de un movimiento renovador, y junto al obispo Bonifacio de Cartago convocó a un sínodo que se reunió en el 525.

Pero el reino de los vándalos estaba destinado a desaparecer pronto. La porción oriental del Imperio Romano, con su capital en Constantinopla, estaba gozando de un nuevo despertar bajo el reinado de Justiniano. Uno de los sueños de Justiniano era restaurar la perdida unidad del Imperio, y por ello tan pronto como los vándalos le dieron ocasión para ello envió a su general Belisario al mando de una flota que se apoderó de Cartago en el 533, y pronto destruyó el reino vándalo. A partir de entonces el arrianismo fue desapareciendo del norte de Africa.

Todo esto, sin embargo, tuvo funestas consecuencias para la iglesia en la región. Ya hemos señalado en el volumen anterior que la iglesia en el norte de Africa se hallaba dividida a causa del cisma donatista. Ese cisma persistía aún. Y a ello vino a sumarse ahora medio siglo de gobierno arriano, y una nueva conquista por parte de tropas que en fin de cuentas eran casi tan extranjeras como los vándalos mismos. El resultado de todo esto fue que la región quedó tan dividida, y el cristianismo en ella tan debilitado, que la conquista árabe siglo y medio después fue relativamente fácil, y después de esa conquista la fe cristiana desapareció.

El reino visigodo de España

En sus primeros tiempos, el reino visigodo se extendía a buena parte de lo que hoy es Francia, y su capital estuvo en ciudades francesas tales como Tolosa y Burdeos. Pero a principios del siglo VI el reino de los francos, bajo la dirección de Clodoveo, comenzó a ensancharse hacia el occidente a expensas de los visigodos. En el 507, en la batalla de Vouillé, Clodoveo los derrotó y dio muerte a su rey Alarico II. A partir de entonces, el reino de los visigodos se fue replegando cada vez más, hasta que llegó a ser un reino casi puramente español.

Por otra parte, no toda España estaba en manos de los visigodos, pues los suevos conservaban aún su independencia en la esquina noroeste de la península. Al establecerse allí, los suevos eran paganos. Pero pronto se hizo sentir la presencia de los antiguos habitantes de la región, que eran católicos, así como de los vecinos visigodos, que eran arrianos. Por tanto, algunos suevos se hicieron católicos, y otros se hicieron arrianos. La conversión definitiva del reino al catolicismo tuvo lugar alrededor del año 550, cuando el rey arriano Cararico le pidió a San Martín de Tours (cuya vida hemos narrado en el volumen anterior, y cuya memoria era muy venerada en la región) que sanase a su hijo enfermo. Cuando su hijo se curó, Cararico se hizo católico,

REYES VISIGODOS DE ESPAÑA

Ataúlfo	414-15
Sigerico	415
Walía	415-18
Teodoredo	418-51
Torismundo	451-53
Teodorico	453-66
Eurico	466-84
Alarico II	484-507
Jesalico	507-11
Amalarico	511-31
Teudis	531-48
Teudiselo }	548-54
Agila	548-54
Atanagildo	554-67
Liuva I	568-73
Leovigildo	573-86
Recaredo	586-601
Liuva II	601-603
Witerico	603-610
Gondemar	610-12
Sisebuto	612-21
Recaredo II	621
Svintila	621-31
Sisenando	631-36
Chintila	636-39
Tulga	639-42
Chindasvinto	642-49
Recesvinto	649-72
Wamba	672-80
Ervigio	680-87
Egica	687-702
Witiza	702-710
Aquila	710
Rodrigo	710-11

como lo había sido Martín de Tours. Entonces tomó por consejero en asuntos religiosos al abad de un monasterio cercano, Martín, a quien hizo arzobispo de Braga. Puesto que esa ciudad era la capital del reino, Martín de Braga quedó al frente de toda la iglesia en el país, y se dedicó a persuadir a todos de la verdad de la doctrina trinitaria. A su muerte, en el año 580, el arrianismo casi había desaparecido.

Mientras tanto, el reino de los visigodos se había establecido firmemente en el resto de la península ibérica, expulsando a los vándalos y sometiendo a los alanos (otro pueblo bárbaro que había llegado poco antes). Bajo el gobierno de Leovigildo, la capital se estableció definitivamente en Toledo, que hasta entonces había sido una ciudad de importancia secundaria. Fue también Leovigildo quien conquistó el reino de los suevos, unos cinco años después de la muerte de Martín de Braga. Puesto que Leovigildo era arriano, esto introdujo de nuevo el arrianismo en los antiguos territorios de los suevos.

Empero no le quedaba mucho tiempo de vida al arrianismo en España. Al igual que en el norte de Africa y en otras regiones del Imperio, la vieja población católica no estaba dispuesta a hacerse arriana, al tiempo que los bárbaros conquistadores tendían cada vez más a adaptarse a las costumbres y las

Aunque Hermenegildo parece haberse rebelado por motivos de ambición personal más bien que religiosos, pronto el partido antiarriano lo tuvo por santo. Su hermano Recaredo continuó la política religiosa del rebelde difunto, y se hizo católico. Esto marcó el paso de España del arrianismo a la fe ortodoxa. Después de estos hechos se comenzó a representar la muerte de Hermenegildo como la de un mártir. En esta ilustración, su alma victoriosa es testigo de su propia muerte, dando a entender así que su aparente derrota fue en verdad un triunfo.

creencias de los conquistados. Luego, el reino estaba maduro para su conversión al catolicismo cuando una serie de circunstancias políticas llevaron a esa conversión. El hijo de Leovigildo, Hermenegildo, se había casado con una princesa franca de fe católica. Pero la madre de Leovigildo, Goswinta, quien era arriana fanática, temía que su nieto se dejara llevar por la fe de su esposa, y la hizo secuestrar. En respuesta a ello, Hermenegildo huyó de la corte y se retiró a Sevilla, donde el obispo Leandro lo convirtió a la fe católica. El resultado fue que cuando Hermenegildo tomó las armas contra su padre, su campaña fue una cruzada en pro de la doctrina trinitaria frente al arrianismo. La campaña de Hermenegildo no tuvo buen éxito, pues fue derrotado y muerto por las tropas leales al rey. Pero a la muerte de Leovigildo su hijo Recaredo, hermano de Hermenegildo, siguió la política religiosa de su difunto hermano y se hizo católico. En una gran asamblea que tuvo lugar en Toledo en el año 589, Recaredo declaró su fe católica en presencia de Leandro de Sevilla, e invitó a los obispos presentes a aceptar la misma fe. Al parecer, los obispos no pusieron mayores reparos, y pronto la mayoría de los clérigos del reino era ortodoxa.

Políticamente, la monarquía visigoda siempre fue en extremo inestable. El fratricidio era cosa relativamente común, pues, aunque la monarquía era electiva, de hecho casi siempre fue hereditaria, y esto parece haber incitado las ambiciones políticas de quienes querían posesionarse de las coronas de sus hermanos antes de que su descendencia directa llegase a la mayoría de edad. De los treinta y cuatro reyes visigodos, sólo quince murieron en el campo de batalla o de muerte natural. Los demás fueron asesinados o derrocados.

Frente a tal inestabilidad política, la iglesia se presentó como un factor de orden y estabilidad, sobre todo después de la conversión del reino al catolicismo, cuando cesaron las constantes contiendas entre católicos y arrianos. Pronto el arzobispo de Toledo llegó a ser el segundo personaje del reino, y los concilios de obispos que se reunían periódicamente en la capital tenían funciones legislativas, no sólo para la iglesia, sino para la totalidad del orden social.

El personaje más distinguido de la iglesia española durante todo este período fue sin lugar a dudas Isidoro de Sevilla, hermano menor de Leandro, a quien este último había educado tras la muerte de sus padres. Isidoro fue un erudito en medio de un mar de ignorancia. Sus conocimientos del latín, el griego y el hebreo le permitieron recopilar buena parte de los conocimientos de la antigüedad, y transmitírselos a las generaciones sucesivas. Esto lo hizo Isidoro en parte mediante la escuela que fundó en Sevilla, pero sobre todo a través de sus obras. Estos escritos no son en modo alguno originales. Isidoro no es un pensador de altos vuelos al estilo de Orígenes o de Agustín. Pero el valor de sus obras está precisamente en el modo en que recopilan los conocimientos que lograron sobrevivir a las invasiones de los bárbaros y al caos que sobrevino. Aunque Isidoro compuso comentarios bíblicos y obras de carácter histórico, su escrito más notable es *Etimologías*, que consiste en una verdadera enciclopedia del saber de la época. Aunque desde nuestra perspectiva del siglo XX mucho de lo que allí se dice puede parecer ridículo y erróneo, el hecho es que las *Etimologías* de Isidoro fueron uno de los principales instrumentos con que contó la Edad Media para conocer algo de la ciencia de los antiguos. En ella se incluyen, no sólo asuntos propiamente teológicos, sino también conocimientos y opiniones en los campos de la medicina, la arquitectura, la agricultura, y muchos otros.

Los estudios de Isidoro le dejaron aún tiempo para ocuparse de la vida práctica de la iglesia. A la muerte de su hermano Leandro, lo sucedió como obispo de Sevilla, y como tal tuvo que presidir sobre varios concilios que en gran medida determinaron el curso de la iglesia y hasta del reino visigodo. De estos concilios, probablemente el más importante fue el que se reunió en Toledo en el año 633.

Puesto que ese concilio nos da idea de la gloria y la miseria de la iglesia bajo el régimen visigodo, conviene que nos detengamos a discutir algunas de sus decisiones.

En el campo político, la más importante acción del concilio fue apoyar las acciones de Sisenando, quien había usurpado el trono de Svintila. Sisenando se presentó ante el concilio en actitud humilde, postrándose en tierra y pidiendo la bendición de los que estaban allí reunidos. Estos lo recibieron con gran alborozo. Isidoro lo ungió, como antaño Saúl había sido ungido, y el concilio decretó:

Acerca de Svintila, quien renunció al reino y se deshizo de las señales del poder por temor a sus propios crímenes, decretamos [...] que ni él ni su esposa ni sus hijos sean jamás admitidos a la comunión [...] ni los elevemos de nuevo a los puestos que perdieron por su maldad. [...] Además se les desposeerá de todo lo que han robado de los pobres.

En el campo propiamente teológico, el concilio afirmó una vez más la doctrina trinitaria, frente a los arrianos, y decretó que el bautismo debía hacerse mediante una sola inmersión, pues la triple inmersión podía dar a entender que la Trinidad estaba dividida y que por tanto los arrianos tenían razón.

Además, el concilio legisló cuidadosamente acerca de la vida moral de los obispos y demás clérigos, y en particular acerca de sus matrimonios, que sólo deben tener lugar después de consultar con el obispo. Pero los castigos que señala para los clérigos que se unan ilegítimamente a mujeres son a todas luces injustos, pues mientras se ordena que la mujer sea "separada y vendida por el obispo", se dice sencillamente que el clérigo "hará penitencia por algún tiempo".

Sin embargo, en su legislación acerca de los judíos, el concilio (presidido por el hombre más ilustrado de su época) nos da muestras más claras de la barbarie que reinaba. Aunque el concilio declara que no se ha de obligar a los judíos a convertirse, decreta además que los judíos que fueron convertidos a la fuerza en tiempos del "religiosísimo príncipe Sisebuto" no tendrán libertad de volver a su antigua fe, pues tal cosa sería blasfemia contra el nombre del Señor. Para evitar que los judíos conversos regresen a su vieja fe, se les prohíbe todo trato con los no conversos (aún cuando éstos sean sus parientes más cercanos). Si algún converso resulta conservar todavía algunas de sus antiguas prácticas o creencias (particularmente "las abominables circuncisiones"), sus hijos le serán arrebatados, "para que sus padres no los contaminen". Y si algún judío no converso está casado con mujer cristiana, se le hará saber que tiene que escoger entre hacerse cristiano y separarse de su mujer. Tras la separación, los hijos irán con la madre. Pero si el caso es inverso, y la madre es judía, los hijos irán con el padre cristiano.

Isidoro de Sevilla murió en el año 636, tres años después del concilio cuyos principales decretos hemos resumido. Tras su muerte, no hubo otro personaje de igual estatura en toda la iglesia visigoda. Pero si la iglesia carecía de dirigentes notables, el estado estaba en peores circunstancias. El rey Sisenando murió también en el 636, y siguió la interminable lista de usurpaciones y crímenes políticos. Chindasvinto, por ejemplo, se afianzó en el trono, y aseguró la sucesión de su hijo Recesvinto al matar a setecientos hombres cuyas mujeres e hijos repartió entre sus allegados. A la muerte de Recesvinto, los nobles eligieron a Wamba, quien tuvo que luchar contra rebeliones en diversas partes y a la postre fue destronado. Esta larga historia de traiciones, conspiraciones y crímenes continuó hasta el año 711, cuando ocupaba el trono el rey Rodrigo, y las huestes musulmanas pusieron fin al reino visigodo. Empero la narración de tales acontecimientos pertenece a otro capítulo del presente volumen. Baste señalar aquí que en medio de todas estas idas y venidas políticas fue la iglesia, mucho más que el régimen político, la que le dio cierta medida de estabilidad a la vida.

El reino franco en la Galia

Durante la mayor parte del siglo V, los borgoñones compartieron con los francos el dominio de la Galia. Mientras los francos eran paganos, los borgoñones eran arrianos. Pero sus reyes no persiguieron a los habitantes católicos del país, como lo habían hecho los vándalos en el norte de Africa. Al contrario, estos reyes hicieron todo lo posible por establecer buenas relaciones con el pueblo conquistado, en su mayoría católico. Gondebaldo, por ejemplo, contó entre sus más cercanos consejeros al obispo católico Avito de Viena (la misma ciudad cuyos mártires ocuparon nuestra atención en el primer volumen de esta historia). Aunque el propio Gondebaldo no se hizo católico, su hijo Segismundo sí dio ese paso, y por tanto a partir del año 516 sus territorios estuvieron unidos bajo una sola fe. Cuando los borgoñones fueron conquistados por los francos en el 534, conservaron su fe católica.

Por su parte, los francos, que a la larga se posesionarían de toda la Galia y le darían el nombre de "Francia", eran paganos. Cuando por primera vez penetraron en los territorios del Imperio, estaban mucho menos organizados que los visigodos o los borgoñones. Además, sus contactos con la civilización romana habían sido más escasos. Lejos de estar unidos bajo un solo jefe, estaban divididos en diversas ramas y tribus, cada una con su propio jefe. Pero poco después de su asentamiento en el norte de la Galia comenzaron a unirse bajo la dirección inteligente y poderosa de Meroveo, su hijo Childerico y su nieto Clodoveo. En el año 486, este último comenzó una serie de maniobras políticas y de conquistas que pronto lo hicieron dueño del norte de la Galia.

Clodoveo y sus francos habían tenido amplias oportunidades de conocer la fe cristiana, pues todavía habitaban en la Galia los descendientes de los pueblos romanizados que habían sido conquistados por los francos. Puesto que parte del propósito de los francos era llegar a ser partícipes de la civilización romana, estos antiguos habitantes de la región eran respetados y escuchados por sus conquistadores. Además, Clodoveo se había casado con la princesa borgoñona Clotilde, que era cristiana.

Fue en medio de la campaña contra los alamanes, uno de los grupos que le disputaban el dominio de la Galia, que Clodoveo se convirtió. Se cuenta que le prometió a Jesucristo, el Dios de

Al vencer a los alamanes, Clodoveo declaró que le debía su victoria a Jesucristo, y les ordenó a sus seguidores que siguieran también al Dios de los cristianos.

Clotilde, que si le daba la victoria se convertiría. Tras una ardua batalla, los alamanes fueron derrotados, y Clodoveo recibió el bautismo el día de Navidad del año 496, junto a varios de sus nobles, de manos del obispo católico Remigio de Reims. Este acontecimiento fue de gran importancia, pues a raíz de él el pueblo franco se hizo católico, y a la postre daría origen al gran imperio de Carlomagno.

El día de Navidad del 496, Clodoveo recibió el bautismo en la ciudad de Reims, de manos del obispo Remigio. Junto a él fueron bautizados varios de sus nobles. A la derecha, la reina Clotilde le da gracias a Dios por la conversión de su esposo.

Tras la muerte de Clodoveo, los francos continuaron aumentando su poderío. En el año 534 se anexaron el reino borgoñón, y dos años después tomaron algunas de las provincias que habían pertenecido a los ostrogodos. Además se extendieron hacia el este, allende el Rin, a territorios que hoy forman parte de Alemania, y que nunca habían sido conquistados por el Imperio Romano.

A pesar de todo esto, sin embargo, los francos no lograban constituirse en una gran potencia, pues tenían la costumbre de dividir sus reinos entre sus hijos. Así, por ejemplo, a la muerte de Clodoveo sus territorios fueron divididos entre sus cuatro hijos, y la conquista de los borgoñones fue posible sólo porque tres de ellos se unieron en un propósito común. Además, muchos de los descendientes de Clodoveo se mostraron incapaces de gobernar, y a la postre hubo quienes lo hicieron en su nombre.

El antiguo reino de Clodoveo estaba dividido en varias porciones cuando, en el siglo VII, comenzó el ascenso de la familia de los carolingios, que reciben ese nombre porque varios de ellos se llamaban Carlos, que en latín es Carolus. El primero de los carolingios fue Pipino el Viejo, quien poseía enormes extensiones de tierra y utilizaba sus ingresos para sus propósitos políticos. Su nieto, Pipino de Heristal, ocupó el cargo de "mayordomo de palacio" de uno de los reinos francos. Desde esta posición, Pipino era de hecho el rey. Pero no trató de deponer a quien reinaba de nombre, sino que continuó manteniendo la ficción de que quienes gobernaban eran los descendientes de Clodoveo. Mediante una política hábil y varias campañas militares, Pipino de Heristal logró reunir bajo su poder todos los territorios de los francos, aunque sin darles una unidad visible. Su nieto Carlos Martel (es decir, "el martillo") aumentó el prestigio de la familia al derrotar a los musulmanes en la batalla de Tours (también llamada de Poitiers) en el año 732. A su muerte, era quien de hecho gobernaba todos los territorios francos, aunque siempre supuestamente en nombre de los descendientes de Clodoveo. Por fin, el hijo de Carlos Martel, Pipino el Breve, decidió deshacerse de un rey inútil, Childerico III, "el estúpido". Con la anuencia del papa Zacarías, obligó a Childerico a renunciar al trono y a tomar la tonsura y el hábito de la vida

Carlos Martel ("el martillo") fue el verdadero fundador de la dinastía carolingia, aunque nunca tomó el título de rey.

monástica. Entonces Pipino tomó para sí el título de rey, aunque no lo tomó por cuenta propia, ni por elección de los nobles, como se había hecho anteriormente entre los pueblos bárbaros, sino que fue ungido por el obispo Bonifacio, bajo órdenes del papa Zacarías.

La unción de Pipino por Bonifacio es de importancia, pues tenemos aquí la transición de la vieja monarquía electiva o here-

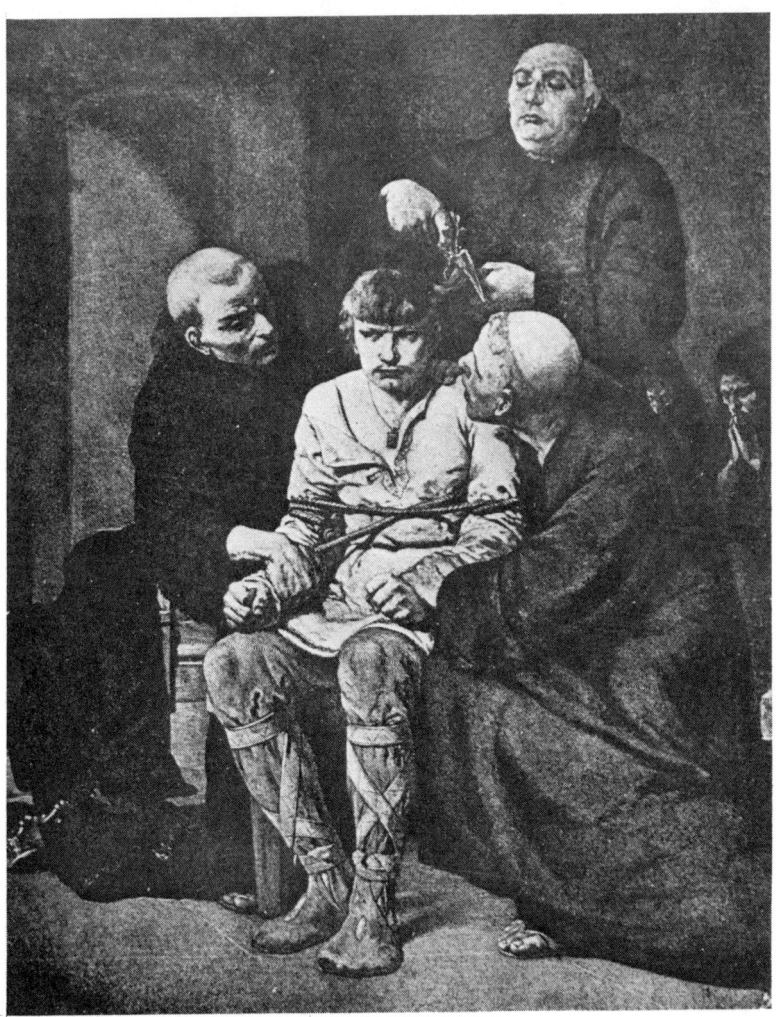

Con la anuencia del papa Zacarías, Childerico III, "el estúpido", fue obligado a dejar el trono y recibir la tonsura monástica.

ditaria a la monarquía por derecho divino, pero sobre todo porque el hijo de Pipino, a quien la posteridad conoce como Carlomagno, llevó el reino franco a la cumbre de su poder.

En medio de todo este proceso, la iglesia jugó un papel doble. A veces, cuando había reyes poderosos como Clodoveo, pareció sencillamente prestarle su apoyo al poder real. Pronto se estableció la costumbre de que los obispos fueran nombrados, o bien por el rey, o al menos con su consentimiento. La consecuencia de esto fue que muchos obispos eran funcionarios reales más que pastores, y que muchos nombramientos se hicieron por razones políticas. Aunque buena parte de las tierras pertenecía a los obispados (y a veces precisamente por eso), los obispos no eran verdaderos pastores, sino más bien señores feudales que debían su posición a la protección de algún rey u otro señor poderoso. En tal situación, el servicio a los pobres se descuidaba, y se hacía poco por regular la vida eclesiástica. En el año 742 Bonifacio (el mismo que poco después consagraría a Pipino como rey) le escribía al papa Zacarías diciéndole que el gobierno de la iglesia estaba prácticamente en manos de señores laicos, y que un concilio de obispos para regular y renovar la vida de la iglesia era cosa desconocida en el reino franco.

Las Islas Británicas

Aún en los tiempos de mayor gloria del Imperio Romano, éste no había conquistado todas las Islas Británicas, sino que se había limitado a la porción sur de la Gran Bretaña (lo que hoy es Inglaterra). Al norte, quedaban los territorios de los pictos y escotos (en lo que hoy es Escocia), separados del mundo romano por una muralla que el emperador Adriano había hecho construir. Además, Irlanda no había sido invadida por los romanos. Luego, cuando las legiones romanas, en medio del desastre de las invasiones de los bárbaros, se retiraron de la Gran Bretaña, lo que de hecho abandonaron fue la porción sur de la isla.

En esa zona, sin embargo, había una numerosa población de gentes cristianas y romanizadas. Algunas de estas personas se replegaron a zonas más fácilmente defendibles, mientras que otras permanecieron en sus antiguas tierras, donde quedaron bajo el régimen de los bárbaros que pronto invadieron la región.

Estos bárbaros procedían del continente, y eran en su mayoría anglos y sajones. A la postre, quedaron organizados en siete reinos principales (aunque hubo otros más efímeros y de menor importancia): Kent, Essex, Sussex, Anglia Oriental, Wessex, Northumbria y Mercia. Los gobernantes de todos estos reinos eran paganos, aunque había entre sus súbditos un buen número de cristianos cuyos antepasados habían vivido en esas tierras desde antes de las invasiones.

También antes de las invasiones había ocurrido otra cosa de

En Irlanda, Patricio llegó a bautizar enormes multitudes de una vez.

gran importancia para la historia del cristianismo en las Islas Británicas. Se trata de la misión de Patricio a Irlanda. Patricio era un joven cristiano que vivía en la Gran Bretaña, donde su padre era oficial del ejército romano. Cuando todavía era muy joven, una banda de irlandeses que asaltó la zona en que él vivía lo apresó y lo llevó prisionero a Irlanda. Allí vivió por varios años como esclavo, pastoreando ganado, añorando su hogar, y profundizando su fe. Por fin, mediante arreglos con el capitán

Los misioneros irlandeses se esparcieron por toda Europa, predicando en los campos y dondequiera tenían ocasión.

de un barco, logró escapar, pero antes de poder regresar a su hogar fue llevado al continente, donde pasó muchas dificultades antes de regresar a la Gran Bretaña.

De vuelta a su hogar, Patricio gozaba de lo que parecía ser un merecido reposo cuando recibió en sueños un llamamiento de ir como misionero a Irlanda, el mismo lugar donde hasta poco tiempo antes había sido esclavo. Así lo hizo, y con grave peligro de su vida comenzó a predicar en Irlanda. Tras una nueva serie de dificultades, comenzó a ver los resultados de su obra, y se cuenta que su éxito fue tal que en ocasiones bautizó a multitudes de irlandeses, sencillamente mandándoles a todos que se introdujeran en las aguas de un río, y entonces él pronunciaba la fórmula bautismal sobre la muchedumbre. Pronto comenzó a ordenar e instruir sacerdotes irlandeses para que sirvieran de pastores a los recién convertidos. Así surgió en Irlanda una fuerte iglesia que pronto comenzó a enviar sus propios misioneros a otras regiones.

La iglesia que Patricio fundó en Irlanda tenía varias características que la distinguían del cristianismo en el resto de Europa. De ellas la más notable era que, en vez de ser gobernada por obispos, quienes tenían autoridad eran los abades de los conventos. Además, el Domingo de Resurrección se celebraba en una fecha distinta, las tonsuras de los clérigos eran diferentes, etc.

Poco después de la obra de Patricio, Irlanda se había vuelto un centro misionero. Puesto que ya entonces los bárbaros habían invadido la Gran Bretaña, y puesto que en todo caso los pictos y escotos del norte de esa isla nunca habían sido cristianos, buena parte de la labor misionera de los irlandeses iba dirigida hacia la Gran Bretaña.

El más famoso e importante de estos primeros misioneros irlandeses fue Columba, quien se había educado en Irlanda en un monasterio que conservaba mucha de la sabiduría de la antigüedad. Alrededor del año 563, Columba y doce compañeros se establecieron en la pequeña isla de Iona, frente a las costas de Escocia. Allí fundaron un monasterio con el propósito de que fuese un centro misionero para la conversión de los pictos. A partir de allí, Columba y sus compañeros hicieron varias visitas a los territorios de los pictos, hasta que lograron la conversión del rey Bridio y de la mayoría de sus súbditos.

A la mañana siguiente, Osvaldo levantó una ruda cruz.

A partir de Iona, el cristianismo se extendió también hacia los reinos de los anglos y los sajones. Casi cuarenta años después de la muerte de Columba, el rey de Northumbria, Osvaldo, se vio obligado por circunstancias políticas a refugiarse en Iona. Cuando en el año 635 llegó el momento de la batalla decisiva en la defensa de su reino frente a los bretones, se cuenta que vio en sueños a Columba, quien le daba valor. A la mañana siguiente, antes que el enemigo se preparase para la batalla, Osvaldo levantó una ruda cruz, y le pidió la victoria al Dios de Columba. Entonces él y los suyos se lanzaron sobre los bretones, que huyeron despavoridos. El resultado fue que todo el reino de Northumbria se hizo cristiano. A petición de Osvaldo, los monjes de Iona enviaron misioneros a su reino. Uno de ellos, Aidán, fundó en la isla de Lindisfarne un monasterio semejante al que Columba había fundado en Iona. A partir de allí, la fe cristiana se expandió a varios otros reinos de la Gran Bretaña.

Los monjes misioneros provenientes de Irlanda eran a la vez personas devotas y estudiosas. Los monasterios irlandeses fueron uno de los pocos centros donde se preservó el conocimiento de la antigüedad durante el período caótico que siguió a las invasiones de los bárbaros.

Empero no sólo de Irlanda llegaron misioneros a la Gran Bretaña. Cuenta la leyenda que Gregorio el Grande, uno de los más notables papas, cuya vida y obra discutiremos más adelante, se paseaba por el mercado en la ciudad de Roma cuando le llamaron la atención unos jóvenes rubios que estaban a la venta como esclavos.

— ¿De qué país son esos jóvenes? — preguntó Gregorio.

—Son anglos— le contestaron.

—Anglos han de ser en verdad, pues tienen rostros de ángeles. ¿Dónde está el país de los anglos?

—En Deiri.

—De ira son en verdad, pues han sido llamados de la ira a la misericordia de Dios. ¿Cómo se llama su rey?

—Aella.

— ¡Aleluya! Hay que hacer que en ese país se alabe el nombre de Dios.

Es posible que este diálogo, que nos cuentan cronistas antiguos, nunca haya tenido lugar. Pero en todo caso no cabe duda de que Gregorio sintió desde joven una atracción por el país de los anglos. En cierta ocasión trató de ir como misionero a esos territorios. Pero era demasiado popular en Roma. El pueblo se amotinó y no lo dejó partir. En el año 590, según veremos más adelante, llegó a ser papa. Nueve años más tarde dio muestras de su antiguo interés por el país de los anglos enviándoles una misión de varios monjes encabezada por Agustín, procedente del mismo monasterio a que había pertenecido Gregorio antes de ser papa.

Tras algunas vacilaciones, Agustín y los suyos llegaron al reino de Kent, en la Gran Bretaña. El rey de ese país era Etelberto, quien se había casado con una princesa cristiana y había dado muestras de favorecer la predicación del cristianismo en sus territorios. Al principio los misioneros no lograron muchos conversos. Pero cuando por fin el propio Etelberto se convirtió siguió una conversión en masa. En Canterbury, la capital de Kent, se fundó un arzobispado, y Agustín fue el primero en ocuparlo. A su muerte, menos de diez años después de su lle-

En la Gran Bretaña, Agustín y los suyos se dirigieron al reino de Kent, cuyo rey Etelberto se había casado con una princesa cristiana.

gada a la Gran Bretaña, todo el reino de Kent era cristiano, y había conversos en todas las regiones vecinas.

El proceso de conversión de los siete reinos, sin embargo, no tuvo lugar sin dificultades y oposición. En el propio caso de Kent, tras la muerte de Etelberto se siguió una breve reacción pagana, aunque el nuevo rey se convirtió poco tiempo después. Uno de los episodios más curiosos en toda esta historia tuvo lugar en el pequeño reino de Anglia Oriental. Alrededor del año 630 reinaba allí Sigeberto, quien durante un período de exilio en Francia se había convertido y hecho bautizar. Sigeberto hizo venir de Kent al obispo Félix, quien llegó con un contingente de misioneros y maestros. Pronto el reino se hizo cristiano, y el propio rey decidió dedicarse a la vida monástica. Tras abdicar en favor de un pariente, se retiró a un monasterio, donde recibió la

Por no tomar la espada, el rey monje Sigeberto salió al campo de batalla armado de un garrote.

tonsura y se dedicó a la vida contemplativa. Pero algún tiempo después el rey pagano de Mercia, Penda, atacó a Anglia Oriental. Carentes de dirección militar, los habitantes del país acudieron a su antiguo rey, suplicándole que marchara con ellos al campo de batalla. Sigeberto les recordó que sus votos monásticos le prohibían tomar la espada. Por fin, el rey monje se dejó persuadir, y salió a la batalla al frente de sus tropas. ¡Pero armado de un garrote! Los cristianos fueron derrotados por las tropas de Penda, y Sigeberto murió en la batalla. Pero su memoria fue venerada por largos años, y finalmente no sólo Anglia Oriental, sino también Mercia, se hicieron cristianas.

Todo lo que antecede ha de servirnos para colocar la obra de Agustín de Canterbury en su justa perspectiva. A menudo se ha dicho que fueron Agustín y sus sucesores quienes lograron la conversión de la Gran Bretaña. Esto no es toda la verdad, pues según hemos visto Columba y sus sucesores lograron al menos tantos conversos como Agustín y los suyos. Pero esto no ha de restarle importancia a la misión de Agustín. Esa misión es importante por dos razones. En primer lugar, se trata de la primera ocasión en toda la historia de la iglesia en la que tenemos datos fidedignos donde se nos presenta un papa u obispo de Roma que envía misioneros a tierras lejanas. En segundo lugar, la misión de Agustín es importante porque a través de ella el cristianismo en las Islas Británicas estableció relaciones estrechas con el del resto de la Europa occidental.

Según hemos dicho anteriormente, el cristianismo irlandés que Columba y los suyos llevaron a la Gran Bretaña difería en algunos detalles del que se practicaba en el resto de Europa occidental. Aunque estos detalles podrían parecer insignificantes, el hecho es que impedían el contacto directo e ininterrumpido entre las iglesias de las islas y las del continente. A partir de Kent y los demás reinos del sur avanzaba el cristianismo procedente de Roma. A partir de Irlanda, Escocia y los reinos del norte avanzaba el que venía de Irlanda e Iona. El conflicto era inevitable cuando ambas formas se encontraran.

En el reino de Northumbria el contraste entre estas dos formas de práctica cristiana se hizo insoportable. El rey seguía el cristianismo de origen irlandés, y la reina seguía el de origen romano. Puesto que las fechas en que se celebraba la Resurrección eran distintas, el rey estaba celebrando el Domingo de Resurrección con fiestas y gran regocijo mientras la reina se retiraba para celebrar el Domingo de Ramos con ayuno y penitencia.

Para resolver estas dificultades, se reunió un sínodo en Whitby en el año 663. Los misioneros irlandeses y sus seguidores defendieron su posición ante el sínodo diciendo que su tradición era la que habían recibido de Columba. Pero los misioneros romanos contestaban que la autoridad de San Pedro era superior a la de Columba, puesto que al apóstol le habían sido dadas las llaves del Reino. Al oír esto, se cuenta que el rey les preguntó a los que defendían la tradición irlandesa:

—¿Estáis de acuerdo en lo que dicen vuestros contrincantes, que San Pedro tiene las llaves del Reino?

—Sin lugar a dudas— le respondieron.

—Entonces no hay por qué discutir más. Yo he de obedecer a San Pedro, no sea que al llegar al cielo me cierre las puertas y no me deje entrar.

En consecuencia, el sínodo de Whitby optó por las tradiciones del continente europeo, y rechazó las de los irlandeses. Aunque la historia que acabamos de narrar puede dar la impresión de que todo se debió a la ingenuidad de un rey, el hecho es que había fuertes razones por las que a la larga el cristianismo de las Islas Británicas tendría que seguir las costumbres del resto del cristianismo occidental. De otro modo, habría quedado aislado del resto de Europa. Y, gracias a la decisión de Whitby y de otros concilios semejantes, la iglesia en las Islas Británicas pudo ser uno de los más fuertes medios de contacto entre esas islas y el continente.

Los reinos bárbaros de Italia

En nuestra rápida ojeada a los diversos reinos que los bárbaros fundaron en la Europa occidental, nos falta dirigir la mirada hacia la península italiana. Allí el Imperio continuó existiendo por algún tiempo, aunque era más fantasma que realidad. Diversos generales bárbaros se adueñaron del poder, uno tras otro, y pretendieron gobernar en nombre de los emperadores. Estos últimos eran poco más que simples figuras decorativas que residían en Roma, lejos de las campañas militares, mientras los generales que de veras gobernaban vivían en Milán, mucho más cerca de las fronteras.

Por fin, en el año 476, el general Odoacro, al mando de las tropas hérulas, depuso al último de los emperadores de Occidente, el débil Rómulo Augústulo. Pero aún entonces no se deshizo Odoacro del fantasma imperial. En lugar de pretender gobernar por cuenta propia, le escribió al emperador Zenón, quien gobernaba en Constantinopla, diciéndole que ahora que no había emperador en Occidente el Imperio había quedado unido de nuevo, y poniéndose bajo sus órdenes. A cambio, Zenón le dio a Odoacro el título de "patricio" y lo nombró para que en su nombre gobernara sobre Italia.

Empero las relaciones entre Zenón y Odoacro fueron deteriorándose, y a la postre el emperador de Constantinopla decidió acudir a los ostrogodos para deshacerse de los hérulos. Bajo el mando de Teodorico, los ostrogodos invadieron Italia, y en el 493 el reino de los hérulos había desaparecido.

Teodorico trató de ser un buen gobernante, y al principio de su reinado se rodeó de consejeros sabios tomados de entre los habitantes anteriores del país. Empero su régimen tropezaba con una gran dificultad: Teodorico y los ostrogodos eran arrianos (también lo habían sido antes que ellos los hérulos), mientras que los italorromanos que formaban la mayoría de la población eran católicos. El poder militar estaba en manos de los primeros, mientras que la administración civil quedaba necesariamente en manos de los últimos, pues entre los ostrogodos hasta el propio rey era analfabeto. Pronto los italorromanos comenzaron a soñar de una invasión por parte de las fuerzas del Imperio de Oriente, desde Constantinopla. Puesto que el Imperio de Oriente (también llamado Imperio Bizantino) era católico, tal invasión volvería a colocar la fe católica por encima de la arriana. Hasta qué punto tales sueños llegaron a convertirse en conspiración, y cuántos participaban en ella, es algo que no nos es dado saber. Pero en todo caso Teodorico creyó que de hecho había una conspiración, y que algunos de sus consejeros italorromanos estaban involucrados en ella. Boecio, quien dirigía toda la administración civil bajo Teodorico, y quien era sin lugar a dudas uno de los pocos sabios de la época, fue encarcelado y muerto. En la cárcel escribió su famosa obra *Sobre la consolación de la filosofía*, en la que ésta se le presenta para recordarle que la verdadera felicidad no consiste en el prestigio humano ni en los bienes materiales. Antes había compuesto numerosos comentarios sobre diversas obras de la antigüedad, y fue por tanto a través de él que buena parte de la Edad Media conoció esos escritos. Junto a Boecio murió su suegro Símaco, quien era presidente del senado romano. Y dos años después, en el 526, el papa Juan murió también en las cárceles de Teodorico. A partir de entonces, los italorromanos reconocieron a Boecio, Símaco y Juan como mártires, y su oposición al régimen ostrogodo se recrudeció.

El sucesor de Boecio en el gobierno civil, Casiodoro, trató de mediar entre los arrianos y los católicos, aunque sin comprometer su fe católica. Por fin, convencido quizá de que Teodorico no le permitiría llevar a cabo su programa de gobierno, se retiró a Vivario, donde se dedicó a la vida monástica. Allí compuso numerosas obras, de las cuales la más importante fue *Instituciones de las letras divinas y seculares*. Esta obra era un resumen de los conocimientos de la antigüedad, y sobre ella se basó buena parte de la educación medieval.

Teodorico murió en el 526, y su nieto y sucesor Atalarico siguió una política más moderada para con los católicos. Pero cuando un nuevo rey, Teodato, volvió a establecer los antiguos rigores contra los italorromanos, la corte de Constantinopla llegó a la conclusión de que había llegado el momento de invadir Italia.

A la sazón reinaba en Constantinopla Justiniano, uno de los más grandes emperadores de la Edad Media, quien tenía el sueño de restaurar el viejo Imperio. Ya hemos visto que su general Belisario puso fin al reino de los vándalos en el Africa. Y ese mismo general emprendió una campaña que, tras veinte años de luchas, puso fin al reino ostrogodo.

Empero el régimen imperial en Italia estaba destinado a durar poco. En el 562 los ostrogodos habían sido definitivamente derrotados, y ya en el 568 un nuevo pueblo invasor se lanzó sobre el país. Se trataba de los lombardos, quienes, al igual que los invasores anteriores, venían huyendo de otros enemigos más temibles, en este caso los ávaros. Los lombardos penetraron en

Italia al mando de su rey Alboino, y pronto se posesionaron del norte del país (especialmente de la cuenca del río Po, que hasta el día de hoy se llama "Lombardía"). Puesto que eran arrianos, sembraron el terror entre los católicos de la región. Afortunadamente para estos últimos, a la muerte de Alboino, los lombardos en lugar de continuar como un reino unido, se dividieron en treinta y cinco ducados independientes, apenas capaces de retener los territorios que habían conquistado. Cuando, diez años más tarde, comenzaron a sentir la presión de los francos, volvieron a organizarse como monarquía. Pero su invasión había perdido ya su ímpetu inicial.

El resultado de la presencia de los lombardos fue un estado de constante guerra y ansiedad. Puesto que los lombardos no habían conquistado toda la región, las zonas que todavía estaban bajo el gobierno de Constantino temían ser atacadas. Estas zonas eran principalmente dos: el exarcado de Ravena, y Roma y sus alrededores. Constantinopla estaba pasando por momentos difíciles, y por tanto ni Ravena ni Roma podían esperar ayuda de ella. El resultado fue que los obispos de Roma (los papas) quedaron a cargo del gobierno y la defensa de la ciudad. El papa Gregorio el Grande (el mismo que envió a Agustín a Inglaterra) se quejaba de la situación siempre tensa, pues le parecía que se veía rodeado de espadas. Y llegó a escribir: "Ya ni sé si mi oficio es el de pastor o el de príncipe temporal. Tengo que ocuparme de todas las cosas, incluso de la defensa, y de pagar a los soldados".

En tales circunstancias, los papas miraron en derredor suyo en busca de apoyo, y lo encontraron entre los francos. En el año 751 el rey lombardo Astolfo tomó el exarcado de Ravena, y el papa Zacarías se sintió más solo que nunca. En vista de esta nueva actividad conquistadora entre los lombardos, Zacarías autorizó a Bonifacio para que ungiese a Pipino el Breve como rey de los francos. Poco después, Pipino invadió a Italia, donde obligó a los lombardos a cederle al papa buena parte del exarcado de Ravena. A cambio, el nuevo papa, Esteban II, lo ungió de nuevo. Por fin, en circunstancias semejantes, Carlomagno acudió en socorro del papa Adriano I y destruyó el reino lombardo, tomando para sí el título de "rey de los francos y los lombardos".

Durante todo este período, la cultura sufrió graves reveses. Sólo brevemente en la corte lombarda en Pavía, y en Roma en tiempos de Gregorio el Grande, se produjeron obras literarias o artísticas dignas de memoria. También entre los lombardos el monaquismo fue, como en tantos otros lugares, un remanso en el que algunos pudieron dedicarse al estudio. Esta fue una de las fuentes adonde el reino de Carlomagno fue a beber para dar lugar a lo que se ha llamado "el renacimiento carolingio". Empero esa historia pertenece a otro capítulo del presente volumen.

Resumen y conclusiones

Los siglos V al VIII fueron un período de oscuridad y zozobras en la Europa occidental. Las invasiones de los bárbaros pusieron fin al poderío efectivo del Imperio Romano en la región, aunque durante siglos muchos de esos mismos bárbaros siguieron considerándose súbditos de ese Imperio

Desde el punto de vista religioso, los bárbaros reintrodujeron en la Europa occidental dos elementos que poco antes parecían estar prontos a desaparecer: el paganismo y el arrianismo. Casi todos los invasores eran arrianos: los vándalos, los visigodos, los suevos, los ostrogodos, los borgoñones y los lombardos. A la larga, todos estos pueblos o bien desaparecieron (los vándalos y los ostrogodos), o bien se hicieron católicos (los suevos, los visigodos y los borgoñones). En cuanto a los pueblos paganos, todos se hicieron católicos. Algunas de estas conversiones fueron el resultado de la presión que ejercía algún pueblo vecino. Pero en su mayor parte fueron sencillamente el resultado del proceso de asimilación que tuvo lugar tras las invasiones. Los bárbaros no penetraron en el Imperio para destruir la civilización romana, sino para participar de ella. Por esa razón pronto la mayoría de ellos olvidó las lenguas bárbaras y comenzó a hablar (mal o bien) el latín. Este es el origen de nuestras lenguas romances modernas. De igual modo, los bárbaros abandonaron sus viejas creencias y acabaron por aceptar las de los pueblos conquistados. Este es el origen del cristianismo occidental, tal como lo conoció la Edad Media.

En todo este proceso, hay dos elementos en la vida de la

iglesia que se destacan por su importancia en la conversión de los bárbaros y en la preservación de la cultura antigua. Estos dos elementos son el monaquismo y el papado. Al narrar nuestra historia, nos hemos referido a monjes tales como Isidoro de Sevilla, Columba y Agustín de Canterbury. También nos hemos visto obligados a referirnos a papas tales como Juan, Zacarías, Esteban II y, sobre todo, Gregorio el Grande. Si no hubiésemos pospuesto la discusión de las controversias cristológicas para otro capítulo, también habríamos tenido ocasión de referirnos al papa León. Por tanto, antes de continuar con nuestra narración, debemos detenernos en los próximos dos capítulos, para dedicarle uno al desarrollo del monaquismo en este período, y otro al desarrollo del papado.

Además, aunque durante el presente capítulo nos hemos referido constantemente al Imperio de Oriente (o Bizantino), sólo lo hemos hecho cuando nos ha sido indispensable para narrar la historia de los acontecimientos que estaban teniendo lugar en la Europa occidental. Por ello, después de tratar acerca del monaquismo y del papado, y antes de retomar el orden cronológico de nuestra narración, nos detendremos a discutir el curso del cristianismo en el Oriente.

II.
El monaquismo benedictino

Tú, quienquiera que seas, que corres hacia la patria celestial, practica con la ayuda de Cristo esta pequeña Regla, y entonces llegarás, Dios mediante, a las más elevadas cumbres de la doctrina y la virtud.

Benito de Nursia

En el volumen anterior vimos que, cuando la iglesia se unió al imperio y quedó así convertida en la iglesia de los poderosos, hubo muchos que, sin abandonarla, se apartaron de ella para llevar vidas de particular renunciación, y que este fue el origen del monaquismo. Aunque en aquel volumen vimos ya cómo el ideal monástico se propagó del Oriente de habla griega al Occidente latino (por ejemplo, en el caso de Martín de Tours), el hecho es que en aquella época el monaquismo era todavía un fenómeno principalmente oriental, cuyos centros más importantes estaban en Egipto, Siria y, algo más tarde, en Capadocia. Los monjes que había en el Occidente no hacían sino imitar lo que habían aprendido u oído de sus congéneres del Oriente.

El monaquismo oriental, empero, no se adaptaba del todo a la Europa occidental. Aun aparte de las diferencias del clima, que impedían que los monjes occidentales llevasen la misma vida que llevaban los del Egipto, había diferencias marcadas en cuanto al modo de ver la vida cristiana y la función del monaquismo en ella.

La primera de estas diferencias provenía del espíritu práctico que los romanos habían dejado como su legado a la iglesia occidental. El cristianismo latino no veía con buenos ojos los excesos a que los anacoretas del Oriente llevaban la vida ascética. El propósito de la vida ascética, como el de toda práctica atlética,

El monje Telémaco pagó con su vida su intento de detener un combate de gladiadores. Pero su muerte marcó el fin de tales espectáculos, prohibidos desde entonces por las autoridades imperiales.

no es destruir el cuerpo, sino hacerlo cada vez más capaz de enfrentarse a toda clase de pruebas. Por tanto, el ayuno hasta la emaciación, o la falta de sueño por el solo propósito de castigar el cuerpo, no eran bien vistos en Occidente.

Además, como parte de este espíritu práctico, buena parte del monaquismo occidental tenía el propósito, no sólo de lograr la propia salvación, sino también de llevar a cabo la obra de Dios. Muchos de los monjes de Occidente utilizaron la disciplina monástica como un modo de prepararse para la obra misionera. Tales fueron Columba y Agustín, y en el transcurso de esta historia veremos que hubo miles de monjes que siguieron la pauta trazada por ellos. Otros de entre los monjes occidentales trataron de oponerse a las injusticias y crímenes de su tiempo. Símbolo de ellos es Telémaco, el monje que a principios del siglo V se lanzó a la arena en el circo romano y detuvo un combate de gladiadores. La multitud enfurecida, y supuestamente cristiana, lo mató. Pero a partir de esa fecha, y en respuesta a la acción de Telémaco, los combates de gladiadores fueron prohibidos por el emperador Honorio.

Otra diferencia entre el monaquismo griego y el latino es que este último nunca sintió la enorme atracción hacia la vida solitaria que dominó buena parte del monaquismo oriental. Aunque en el Occidente hubo algunos ermitaños solitarios, y aunque algunos de los más famosos monjes occidentales practicaron por un tiempo ese género de vida, a la larga el ideal del monaquismo occidental fue la vida en comunidad.

Por último, el monaquismo occidental rara vez vivió en la tensión constante con la iglesia jerárquica que caracterizó al monaquismo oriental, sobre todo en sus primeros tiempos. Hasta el día de hoy, en las iglesias orientales el monaquismo sigue su propio curso, prestándole poca atención a la vida de la iglesia en general, excepto cuando algún monje es requerido para ser hecho obispo. En el Occidente, por el contrario, la relación entre el monaquismo y la jerarquía eclesiástica siempre ha sido estrecha. Excepto en los momentos en que la corrupción extrema de la jerarquía ha llevado a los monjes a tratar de reformarla, el monaquismo ha sido el brazo derecho de la jerarquía eclesiástica. Y en más de una ocasión los monjes han reformado la jerarquía, o la jerarquía ha reformado un monaquismo decadente.

En cierto modo, el monaquismo occidental encontró su fun-

Benito de Nursia fue el verdadero fundador del monaquismo occidental. (Detalle del cuadro de Leone Leoni, "Un milagro de San Benito", en la Galería Nacional de Arte de los EE. UU.)

dador en Benito de Nursia. Antes de él había habido muchos monjes en la iglesia occidental, pero sólo él logró darle al monaquismo latino su propio sabor, de tal modo que a partir de él el monaquismo no fue ya algo importado del Oriente griego, sino una planta autóctona.

La vida de San Benito

Benito nació en la pequeña aldea italiana de Nursia, alrededor del año 480. A fin de colocar su vida dentro del marco de los acontecimientos que hemos narrado en el capítulo anterior, recordemos que Odoacro depuso al último emperador de Occidente en el 476, y que para el año 493, cuando Benito comenzaba su adolescencia, toda Italia estaba en manos de los ostrogodos. La familia de Benito pertenecía a la vieja aristocracia romana, y es de suponerse que en su juventud presenció las tensiones entre católicos y arrianos que caracterizaron esa época en Italia.

Cuando tenía unos veinte años de edad, Benito se retiró a vivir solo en una cueva, donde se dedicó a un régimen de vida en extremo ascético. Allí llevó una lucha continua contra las tentaciones. Durante esta época, nos cuenta su biógrafo Gregorio el Grande, el futuro creador del monaquismo benedictino, se sintió sobrecogido por una gran tentación carnal. Una hermosa mujer a quien había visto anteriormente se le presentó ante la imaginación con tal claridad que Benito no podía contener su pasión, y llegó a pensar en abandonar la vida monástica. Entonces, nos dice Gregorio,

[...] recibió una repentina iluminación de lo alto, y recobró el sentido, y al ver una maleza de zarzas y ortigas se desnudó y se lanzó desnudo entre las espinas de las zarzas y el fuego de las ortigas. Después de estar allí dando vueltas mucho tiempo, salió todo llagado. [...] A partir de entonces [...] nunca volvió a ser tentado de igual modo.

Empero tales excesos no eran característicos del joven monje, para quien la vida monástica no consistía en destruir el cuerpo, sino en hacerlo apto instrumento para el servicio de Dios.

Pronto la fama de Benito fue tal que un grupo numeroso de monjes se reunió alrededor suyo. Benito los organizó en grupos

Según la leyenda representada en este fresco de la iglesia de San Miniato, en Florencia, unos monjes le pidieron a San Benito que fuera su jefe. Cuando se percataron de que el santo era un jefe austero, trataron de envenenarlo. Pero cuando Benito bendijo la copa, esta se quebró.

de doce monjes cada uno. Este fue su primer intento de organizar la vida monástica, aunque tuvo que ser interrumpido cuando algunas mujeres disolutas invadieron la región.

Benito se retiró entonces con sus monjes a Montecasino, un lugar tan apartado que todavía quedaba allí un bosque sagrado, y los habitantes del lugar seguían ofreciendo sacrificios en un antiguo templo pagano. Lo primero que Benito hizo fue poner fin a todo esto talando el bosque y derribando el altar y el ídolo del templo. Entonces organizó allí una comunidad monástica para varones, cerca de otra que fundó para mujeres su hermana gemela Escolástica. Allí su fama fue tal que venían a visitarlo gentes de todas partes del país. Entre estos visitantes se encontraba el rey ostrogodo Totila, a quien Benito reprendió diciéndole: "Haces mucho daño, y más has hecho. Ha llegado el momento de detener tu iniquidad. [...] Reinarás por nueve años, y al décimo morirás". Y, según señala el biógrafo de Benito, Gregorio el Grande, Totila murió, como lo había predicho el monje, durante el décimo año de su reinado.

Pero la fama de San Benito no se debe a sus profecías, ni a su práctica ascética, sino a la *Regla* que en el año 529 le dio a la comunidad de Montecasino, y que pronto se volvió la base de todo el monaquismo occidental.

La Regla de San Benito

El enorme impacto de esta *Regla* no se debió a su extensión, pues cuenta sólo con setenta y tres breves capítulos, que pueden leerse fácilmente en una o dos horas. Ese impacto se debió más

"Reinarás por nueve años, y al décimo morirás".

bien a que, de forma concisa y clara, la *Regla* ordena la vida monástica de acuerdo al temperamento y las necesidades de la iglesia occidental.

Comparada con los excesos de algunos monjes del Egipto, la *Regla* es un modelo de moderación en todo lo que se refiere a la práctica ascética. En el prólogo, Benito les dice a sus lectores que "se trata de constituir una escuela para el servicio del Señor. En ella no esperamos instituir nada grave ni áspero". En consecuencia, a través de toda la *Regla* rige un espíritu práctico y a veces hasta transigente. Así, por ejemplo, mientras muchos de los monjes del desierto se alimentaban sólo de agua, pan y sal, Benito establece que sus monjes han de comer dos veces al día, y que en cada comida habrá dos platos cocidos y a veces otro de legumbres o frutas frescas. Además, cada monje recibirá un cuarto de litro de vino al día. Todo esto, naturalmente, se hará sólo cuando no haya escasez, pues de haberla los monjes deberán contentarse con lo que haya, sin quejas ni murmuraciones. De igual modo, mientras los monjes del desierto trataban de dormir lo menos posible, y de que su sueño fuese incómodo, Benito prescribe que cada monje tendrá, además de su lecho, una manta y una almohada. Al distribuir las horas del día separa entre seis y ocho para el sueño.

Aún en medio de su moderación, hay dos elementos en los cuales Benito se muestra firme. Estos son la permanencia y la obediencia. La permanencia quiere decir que los monjes no deben andar vagando de un monasterio a otro. Al contrario, según la *Regla* cada monje ha de permanecer el resto de su vida en el mismo monasterio en que ha hecho su profesión, a menos que por alguna razón el abad lo envíe a otro lugar. Esto, que puede parecer una tiranía, lo ordenó Benito para poner remedio a una situación en la que había quienes se dedicaban a ir de monasterio en monasterio, disfrutando de su hospitalidad por algún tiempo hasta que comenzaba a exigírseles que llevasen junto a los demás monjes las cargas del lugar, o hasta que empezaban a tener conflictos con el abad o con otros monjes. Entonces, en lugar de aceptar su responsabilidad, o de resolver esos conflictos, se iban a otro monasterio, donde pronto surgían los mismos problemas. La permanencia fue una de las características de la *Regla* que más hicieron sentir su impacto, pues le dio estabilidad a la vida monástica. La obediencia es otro de los pilares de la *Regla* de San Benito. Al abad todos le deben obediencia "sin demora". Esto quiere decir, no sólo que se le ha de obedecer, sino también que se ha de hacer todo lo posible por que esa obediencia sea de buen grado. Las quejas y murmuraciones están absolutamente prohibidas. Si en algún caso el abad u otro superior le ordena a un monje algo al parecer imposible, éste le expondrá con todo respeto las razones por las que no puede cumplir con lo ordenado. Pero si aún después de tal explicación el abad insiste, el monje tratará de hacer de buena gana lo que se le manda. El abad, empero, no ha de ser un tirano, pues el mismo título de "abad" quiere decir "padre". Como padre o pastor de las almas que se le han encomendado, el abad tendrá que rendir cuentas de ellas en el juicio final. Por ello su disciplina no ha de ser excesivamente severa, pues su propósito no es mostrar su poder, sino traer a los pecadores de nuevo al camino recto. Para gobernar el monasterio, el abad contará con "decanos", y éstos serán los primeros en amonestar secretamente a los monjes que de algún modo incurran en falta. Si tras dos amonestaciones no se enmiendan, se les reprenderá delante de todos. Los que aún después de tales amonestaciones perseveren en sus faltas, serán excomulgados. Esto quiere decir, no sólo que se les excluirá de la comunión, sino también que serán expulsados de la mesa común y de todo contacto con los hermanos. Si aún después de esto alguien persiste en sus faltas, ha de ser azotado. El próximo paso ha de ser dado con gran dolor, como el cirujano que amputa un órgano, pues consiste en la expulsión del monasterio. Pero aún esa expulsión no le cierra todas las puertas al monje recalcitrante, pues todavía, si se arrepiente, puede ser recibido de nuevo en el monasterio. Y si vuelve a caer y hay que expulsarlo de nuevo, y se arrepiente, se le recibirá otra vez, hasta tres veces. Después de esto, ya no tendrá más oportunidad, y el monasterio le será vedado.

Como vemos, la *Regla* de San Benito no fue escrita para santos venerables como los héroes del desierto, sino para seres humanos y falibles. Quizá en esto esté el secreto de su éxito.

Otra característica de la *Regla* es su insistencia en el trabajo físico, que ha de ser compartido por todos. Salvo en casos muy especiales de dotes excepcionales para una clase de trabajo, o de enfermedad, todos han de turnarse en las distintas ocupaciones. Así, por ejemplo, habrá cocineros semaneros, quienes prepararán los alimentos durante una semana. Tal ocupación no ha de ser vista con desprecio o desagrado, sino todo lo contrario, y por ello Benito prescribe que cada semana el cambio del grupo de cocineros se haga en el oratorio, y hasta establece un breve rito para ello. Además, todos se turnarán en trabajar en los campos y en todas las demás tareas necesarias para el sostenimiento del monasterio.

La distribución de las tareas, sin embargo, ha de tomar en cuenta la condición de los enfermos, los ancianos y los niños. Para los tales el rigor de la *Regla* ha de mitigarse. Su trabajo no ha de ser pesado. Y los más débiles recibirán carne, de la cual todo el resto de la comunidad ha de abstenerse.

En el monasterio no se les dará preferencia alguna a los monjes que procedan de familias ricas o poderosas. Aún más, si tales familias le envían algo a su pariente, lo que haya sido enviado no le será dado al monje, sino al abad, para que disponga de ello según le parezca mejor.

En los casos en que sea necesario establecer un orden de autoridad o de respeto, esto no se hará de acuerdo al orden del mundo exterior, sino según el nuevo orden del monasterio. El rico no tendrá más autoridad que el pobre, pues en el monasterio todos son pobres. Ni tampoco tendrá autoridad el anciano sobre el joven, pues en el monasterio la edad se contará, no a partir del nacimiento carnal, sino a partir del momento en que se entró a la vida monástica.

El voto de pobreza del monje benedictino tenía entonces un propósito distinto del que hacían los monjes del desierto. En el Egipto, muchos abrazaban la pobreza como un modo de renunciación individual. Para San Benito, la pobreza individual es un modo de establecer un nuevo orden colectivo. Mientras el monje ha de ser absolutamente pobre, sin poseer cosa alguna, el monasterio sí ha de tener todo lo necesario para la vida de la comunidad: vestidos, provisiones, instrumentos de labranza, tierras, habitaciones, etc. Luego, la pobreza del monje individual es un modo de unirlo aún más a la comunidad, al evitar que tenga de qué gloriarse frente a ella. Si el monasterio carece de algo, el monje ha de aceptar esa carestía. Pero lo ideal no es que el monasterio carezca, sino que haya todo lo necesario para un régimen de vida razonable. Por tanto el monje benedictino, en contraste con su congénere del desierto, sufrirá necesidad sólo en casos extremos.

Por otra parte, esto no quiere decir que San Benito proponga una vida muelle. Al contrario, cada monje se esforzará por necesitar lo menos posible. Cada monje ha de aportar a la vida comunitaria todo lo que le sea posible, según los límites de la fuerza y la salud de cada uno. Pero la repartición no se hará sobre la base de lo que cada uno aportó, sino según lo que cada uno necesite. Unos recibirán más que otros. Por ejemplo, los enfermos recibirán carne. Pero esto no quiere decir que se prefiera a unos sobre otros, sino que se han de tomar en cuenta las flaquezas de cada cual. "El que necesita menos, esté agradecido y no se lamente; y el que necesita más, humíllese por su debilidad, y no se gloríe en lo que ha recibido por misericordia".

Aunque nos hemos detenido a considerar el régimen administrativo del monasterio, para San Benito la principal ocupación de los monjes debía ser la oración. Cada día había horas dedicadas a la oración privada, pero la mayor parte de las devociones tenía lugar en el culto común en la capilla u oratorio. Este culto se celebraba diariamente ocho veces, siete de ellas durante el día y una en medio de la noche, siguiendo las palabras del salmista: "Siete veces al día te alabo" (Salmo 119:164) y "a medianoche me levanto para alabarte" (Salmo 119:62).

El día se empezaba a contar con la oración de medianoche, que en realidad tenía lugar de madrugada, antes de rayar el día, y se llamaba "Vigilias" (después recibió el nombre de Maitines). Durante el día se oraba en las horas llamadas Laudes, Prima, Tercia, Sexta, Nona, Vísperas y Completas. Los orígenes de estas horas de oración son diversos. Algunas de ellas se remontan a las costumbres de los judíos en la sinagoga, y hay indicios de que los primeros cristianos continuaron observándolas (por ejemplo, en Hechos 3:1 y 10:9). Otras son de origen monástico. En todo caso, la forma que San Benito les dio continuó usándose a través de toda la Edad Media y, con ciertas modificaciones, hasta nuestros días.

68 / *La era de las tinieblas*

En esas horas de oración, la mayor parte del tiempo se dedicaba a recitar los Salmos y a leer otras porciones de las Escrituras. Según la *Regla* de San Benito, los Salmos debían recitarse todos cada semana. Las otras lecturas de la Biblia dependían de

Fue en los monasterios donde se copiaron y conservaron los escritos de la antigüedad cristiana, incluso la Biblia.

la hora de oración, el día de la semana y la época del año.

El resultado de todo esto era que casi todos los monjes se sabían de memoria todos los Salmos, así como muchas otras porciones de la Biblia. Por tanto, no es correcto decir que durante la Edad Media no se leía la Biblia. Al contrario, debido al impacto del monaquismo benedictino, la mayoría de los monjes (y muchos laicos devotos) de la Edad Media podían recitar la Biblia de memoria por horas y horas. El propio Lutero muestra en sus obras un conocimiento de los Salmos que sería sorprendente de no haber sido antes monje, y por tanto haber recitado todos los Salmos cada semana por años y años.

El desarrollo del monaquismo benedictino

Aunque la *Regla* de San Benito dice poco acerca del estudio, pronto el monaquismo benedictino se distinguió en ese sentido. Ya antes de San Benito, Casiodoro, el exministro del rey godo Teodorico, había combinado en su retiro la vida monástica con el estudio. Pronto el régimen benedictino se unió al ejemplo de Casiodoro, y los monasterios benedictinos se volvieron centros de estudio donde se copiaban y conservaban manuscritos. En cierto sentido, aunque no explícitamente, la *Regla* apoyaba esa práctica, pues a fin de poder recitar los Salmos y leer las Escrituras en las horas de oración era necesario que los monjes supieran leer, y que el monasterio tuviese manuscritos. Luego, según el resto de la Europa occidental fue olvidándose de las letras de la antigüedad, los monasterios fueron volviéndose centros en los que esas letras se conservaban y estudiaban. El "scriptorium" en que los monjes copiaban manuscritos vino a ser uno de los principales vínculos de la Edad Moderna con la antigüedad (sobre todo la antigüedad cristiana).

Además, ya hemos visto que en varios lugares de la *Regla* se mencionan niños. Esto se debía a que había padres que por diversas razones dedicaban sus hijos a la vida monástica. Estos niños no tenían la libertad de abandonar el monasterio cuando llegaban a ser adultos, sino que los votos que sus padres habían hecho en su nombre eran tan válidos como si ellos mismos los hubieran hecho. Naturalmente, en algunos casos esto acarreó graves problemas, pues daba lugar a que hubiese monjes que no

70 / *La era de las tinieblas*

Por diversas razones, muchos padres dedicaban sus hijos a la vida monástica desde tierna edad. En este dibujo, tomado de un manuscrito del siglo XIII, el abad recibe al niño, junto a la dote que sus padres le ofrecen al monasterio.

querían serlo. En siglos posteriores, esta práctica llegó a corromperse hasta tal punto que muchos nobles y reyes utilizaban los monasterios para colocar en ellos a sus hijos ilegítimos, o a veces a algún hijo menor que podría complicar la herencia.

Por otra parte, esto también hizo que los monasterios se volvieran escuelas en las que estos niños dedicados a la vida monástica aprendían sus primeras letras. Pronto las escuelas monásticas fueron prácticamente las únicas que hubo en Europa occidental, y los monjes se volvieron los maestros de todo un continente.

Si el impacto cultural del monaquismo benedictino es notable, no lo es menos su impacto económico. Los monjes benedictinos le devolvieron al trabajo la dignidad que había perdido

Por varios siglos, los monasterios fueron las escuelas de la Europa occidental, y los monjes se volvieron los maestros de todo un continente.

entre las clases supuestamente más refinadas. Mientras los ricos pensaban que el trabajo físico debía quedar reservado para las clases bajas, que supuestamente eran ignorantes e incapaces de elevarse al nivel de los ricos, los monjes, muchos de ellos provenientes de familias ricas, le mostraron al mundo la posibilidad de combinar la más rigurosa vida religiosa e intelectual con el trabajo físico.

En siglos posteriores (principalmente a partir del XVIII) los historiadores, filósofos y teólogos han tendido a despreciar el pensamiento que se produjo en aquellos antiguos monasterios benedictinos. Se dice que se trata de un pensamiento crudo, sin vuelos especulativos, y carente de originalidad. Todo esto es

Los monjes benedictinos, en su dedicación a la agricultura, sembraron campos que habían quedado abandonados,
... talaron bosques
... y de mil maneras le dieron cierta medida de estabilidad a un continente constantemente sacudido por guerras y rumores de guerras.

Cuando hubo escasez, fueron frecuentemente los monjes quienes, con los recursos de su propio trabajo, alimentaron a los hambrientos.

cierto. Pero también es cierto que se trata de un pensamiento con profundas raíces en la realidad humana, en el sudor y la tierra, que no pueden lograr los historiadores, teólogos y filósofos que no cultivan la tierra ni preparan sus propios alimentos.

Además, los monjes benedictinos, en su dedicación a la agricultura, sembraron campos que habían quedado abandonados, talaron bosques, y de mil maneras le dieron cierta medida de estabilidad a un continente continuamente sacudido por guerras y rumores de guerras. Cuando, a consecuencia de esas guerras y de las migraciones en masa que las acompañaron, muchas gentes sufrieron hambre, fueron frecuentemente los monjes quienes pudieron alimentarlos con los recursos de su propio trabajo.

Por otra parte, el monaquismo benedictino vino a ser el brazo derecho en la obra misionera de la iglesia medieval. Agustín, el misionero que logró la conversión del rey Etelberto de Kent, y que llegó a ser el primer Arzobispo de Canterbury, era monje benedictino. Y también lo eran los treinta y nueve monjes que lo acompañaron y los muchos que lo siguieron.

Quizá el mejor ejemplo de la relación entre la expansión misionera y el monaquismo benedictino sea Bonifacio. Este era natural de Inglaterra, donde nació alrededor del año 680. A los siete años, al parecer por su propia voluntad y con la anuencia de sus padres, ingresó en un monasterio. Puesto que en toda Inglaterra se había hecho sentir el impacto de Agustín y sus sucesores, el monasterio a que Bonifacio ingresó era benedictino. Allí pasó sus primeros años, hasta que fue transferido a otro monasterio mayor para continuar sus estudios. En este nuevo monasterio pronto descolló por su devoción y su inteligencia, y fue hecho director de la escuela y ordenado sacerdote. Empero Bonifacio se sentía llamado a la obra misionera, y en el año 716 partió hacia los Países Bajos, tierras habitadas por el pueblo bárbaro y pagano de los frisones. Cuando las circunstancias políticas le impidieron continuar la obra, regresó a Inglate-

En Geismar, Bonifacio cortó el roble sagrado de Tor. Los paganos esperaban que Tor destruyera al atrevido misionero. Pero se alzó un fuerte viento que lanzó al árbol por tierra, y muchos de ellos se convirtieron. Con la madera del roble, Bonifacio construyó una capilla.

rra por un breve período, y de allí fue a Roma, donde el papa Gregorio II lo comisionó para que fuese en su nombre a emprender de nuevo su misión. Esto lo hizo Bonifacio con el apoyo, no sólo de Gregorio, sino también de los gobernantes francos, que estaban interesados en la labor misionera como un medio de pacificar sus fronteras.

Debido a sus relaciones con los gobernantes francos, a la larga Bonifacio dedicó la mayor parte de sus esfuerzos, no a las misiones entre los frisones, sino a reformar y organizar la iglesia en los territorios francos. En el año 743 fijó su residencia en Maguncia, que pertenecía a los francos, y desde allí se dedicó a fundar monasterios en toda la región, que a su vez fuesen centros para la reforma de la iglesia. Puesto que Bonifacio era benedictino, en todos los monasterios fundados por él se observaba la *Regla* de San Benito. Además fue él quien, como representante del papa, ungió a Pipino como rey de los francos.

Por fin, tras pasar largos años en la relativa seguridad de los territorios francos, Bonifacio decidió emprender una vez más la evangelización de los frisones. En esa empresa lo acompañaron algunos monjes, pues parte de su propósito era fundar un monasterio benedictino en los Países Bajos. Pero cuando iban de camino fueron atacados y muertos por una banda de ladrones.

Las vidas de Bonifacio y de Agustín de Canterbury sirven para darnos una idea del modo en que la *Regla* benedictina se extendió primero a las Islas Británicas, y después al reino de los francos y sus alrededores. Si pudiéramos continuar aquí esa historia, veríamos cómo después penetró en España y otros territorios. En otros capítulos veremos cómo fue necesario reformar el movimiento repetidamente. Pero lo que aquí nos interesa es sencillamente mostrar cómo el monaquismo benedictino se extendió, y su contribución al nuevo orden que nacía.

Esa expansión del monaquismo benedictino se relacionó estrechamente con su alianza con el creciente poder papal. Según veremos en el próximo capítulo, el papado fue el otro elemento de estabilidad en medio del desorden que siguió a las invasiones de los bárbaros. Y para llevar a cabo su tarea, el papado contó ante todo con el monaquismo benedictino.

Esa alianza nació en medio de circunstancias al parecer tristes para los benedictinos. En el año 589 Montecasino, el monasterio

El monaquismo benedictino / 77

fundado por San Benito, fue atacado y quemado por los lombardos. Los monjes se vieron obligados a huir a Roma. Allí vivía Gregorio, quien al año siguiente sería elegido papa. Tan pronto como Gregorio ocupó esa posición, comenzó a hacer todo lo posible por fomentar el uso de la *Regla* de San Benito. Primero varios de los monasterios de Roma se acogieron a ella. Y después, a través de la obra de Agustín y de otros como él, el monaquismo benedictino fue exportado a otras regiones de Europa. La obra de Bonifacio es entonces continuación de la de Gregorio y Agustín.

En una época de desorden e incertidumbre, era necesario que surgiesen elementos de unidad que guiasen a Europa hacia el nuevo orden que habría de surgir. Esos elementos fueron el monaquismo benedictino y el papado. Puesto que en este capítulo hemos discutido los orígenes de ese monaquismo, hemos de dedicar el próximo a discutir el desarrollo del poder papal.

III.
El papado

Las instrucciones que te di [...] han de ser seguidas con diligencia. Cuida de que los obispos no se metan en asuntos seculares, excepto en cuanto sea necesario para defender a los pobres.

Gregorio el Grande

Fue durante la "era de las tinieblas" cuando el papado comenzó a surgir con la pujanza que lo caracterizó en siglos posteriores. Pero antes de narrar esos acontecimientos conviene que nos detengamos a discutir el origen del papado.

Origen del papado

El término "papa", que hoy se emplea en el Occidente para referirse exclusivamente al obispo de Roma, no siempre tuvo ese sentido. La palabra en sí no quiere decir sino "papá", y es por tanto un término de cariño y respeto. En época antigua, se le aplicaba a cualquier obispo distinguido, sin importar para nada si era o no obispo de Roma. Así, por ejemplo, hay documentos antiguos que se refieren al "papa Cipriano" de Cartago, o al "papa Atanasio" de Alejandría. Además, mientras en el Occidente el término por fin se reservó exclusivamente para el obispo de Roma, en varias partes de la iglesia oriental continuó utilizándose con más liberalidad.

En todo caso, la cuestión más importante no es el origen del término mismo, "papa", sino el modo en que el papa de Roma llegó a gozar de la autoridad que tuvo durante la Edad Media, y que tiene todavía en la iglesia católica romana.

Los orígenes del episcopado romano se pierden en la penumbra de la historia. La mayor parte de los historiadores, tanto católicos como protestantes, concuerda en que Pedro estuvo en Roma, y que probablemente murió en esa ciudad durante la persecución de Nerón. Pero no hay documento antiguo alguno que diga que Pedro transfirió su autoridad apostólica a sus sucesores.

Además, las listas antiguas que nombran a los primeros obispos de Roma no concuerdan. Mientras algunas dicen que Clemente sucedió directamente a Pedro, otras dicen que fue el tercer obispo después de la muerte del apóstol. Esto es tanto más notable por cuanto en los casos de otras iglesias sí tenemos listas relativamente fidedignas. Esto a su vez ha llevado a algunos historiadores a conjeturar que quizá al principio no había en Roma un episcopado "monárquico" (es decir, un solo obispo), sino más bien un episcopado colegiado en el que varios obispos o presbíteros conjuntamente dirigían la vida de la iglesia. Sea cual fuera el caso, el hecho es que durante todo el período que va de la persecución de Nerón en el año 64 hasta la *Primera Epístola de Clemente* en el 96 lo que sabemos del episcopado romano es poco o nada. Si desde los orígenes de la iglesia el papado hubiera sido tan importante como pretenden algunos, habría dejado más rastros durante toda esa segunda mitad del siglo primero.

Durante los primeros siglos de la historia de la iglesia, el centro numérico del cristianismo estuvo en el Oriente, y por tanto los obispos de ciudades tales como Antioquía y Alejandría tenían mucha más importancia que el obispo de Roma. Y aun en el Occidente de habla latina, la dirección teológica y espiritual del cristianismo no estuvo en Roma, sino en el Africa latina, que produjo a Tertuliano, Cipriano y San Agustín.

Esta situación comenzó a cambiar cuando el Imperio aceptó la fe cristiana. Puesto que Roma era, al menos nominalmente, la capital del Imperio, la iglesia y el obispo de esa ciudad pronto lograron gran relieve. En todo el Imperio, la iglesia comenzó a organizarse siguiendo los patrones trazados por el estado, y las ciudades que tenían jurisdicción política sobre una región pronto tuvieron también jurisdicción eclesiástica. A la postre la iglesia quedó dividida en cinco patriarcados, a saber, los de Jerusalén, Antioquía, Alejandría, Constantinopla y Roma. La existencia misma del patriarcado de Constantinopla, una ciudad que ni siquiera existía como tal en tiempos apostólicos, muestra que esta estructura respondía a realidades políticas más bien que a orígenes apostólicos. Y el carácter casi exclusivamente simbólico del patriarcado de Jerusalén, que podía reclamar para sí aún más autoridad apostólica que la propia Roma, muestra el mismo hecho.

Cuando los bárbaros invadieron el Imperio, la iglesia de Occidente comenzó a seguir un curso muy distinto de la de Oriente. En el Oriente, el Imperio siguió existiendo, y los patriarcas continuaron supeditados a él. El caso de Juan Crisóstomo, que vimos en el volumen anterior, se repitió frecuentemente en la iglesia oriental. En el Occidente, mientras tanto, el Imperio desapareció, y la iglesia vino a ser el guardián de lo que quedaba de la vieja civilización. Por tanto, el patriarca de Roma, el papa, llegó a tener gran prestigio y autoridad.

León el Grande

Esto puede verse en el caso de León I "el Grande", de quien se ha dicho que fue verdaderamente el primer "papa" en el sentido corriente del término. En el próximo capítulo trataremos acerca de su intervención en las controversias cristológicas que dividieron al Oriente durante su tiempo. Al estudiar esas controversias, y la participación de León, dos cosas resultan claras. La primera es que su autoridad no es aceptada por las partes en conflicto, por el sólo hecho de ser él obispo de Roma. Mientras los vientos políticos soplaron en dirección contraria, León pudo hacer poco para imponer su doctrina al resto de la iglesia (particularmente en el Oriente). Y cuando por fin su doctrina fue aceptada, esto no fue porque proviniera del papa, sino porque coincidía con la del partido que a la postre logró la victoria. La segunda cosa que ha de notarse es que, aunque León no pudo hacer valer su autoridad de un modo automático, esa autoridad aumentó por el hecho de haber sido utilizada en pro de la ortodoxia y la moderación. Luego, las controversias cristológicas, a la vez que nos muestran que el papa no tenía jurisdicción universal, nos muestran también cómo su autoridad fue aumentando.

Pero mientras en el Oriente se dudaba de su autoridad, en Roma y sus cercanías esa autoridad se extendía aun fuera de los asuntos tradicionalmente religiosos. En el año 452 los hunos, al mando de Atila, invadieron a Italia y tomaron y saquearon la ciudad de Aquilea. Tras esa victoria, el camino hacia Roma les quedaba abierto, pues no había en toda Italia ejército alguno capaz de cortarles el paso hacia la vieja capital. El emperador de Occidente era un personaje débil y carente de recursos, y el Oriente había indicado que no ofrecería socorro alguno. En tales circunstancias, León partió de Roma y se dirigió al campamento de Atila, donde se entrevistó con el jefe bárbaro a quien todos tenían por "el azote de Dios". No se sabe qué le dijo León a Atila. La leyenda cuenta que, al acercarse el Papa, aparecieron junto a él San Pedro y San Pablo, amenazando a Atila con una espada. En todo caso, el hecho es que, tras su entrevista con León, Atila abandonó su propósito de atacar a Roma, y marchó con sus ejércitos hacia el norte, donde murió poco después.

León ocupaba todavía el trono episcopal de Roma cuando, en el año 455, los vándalos tomaron la ciudad. En esa ocasión, el Papa no pudo salvar la ciudad de manos de sus enemigos. Pero al menos fue él quien negoció con Genserico, el jefe vándalo, y logró que se dieran órdenes contra el incendio y el asesinato. Aunque la destrucción causada por los vándalos fue grande, pudo haber sido mucho mayor de no haber intervenido León.

Lo que todo esto nos da a entender es que, en una época en que Italia y buena parte de la Europa occidental se hallaban sumidas en el caos, el papado vino a llenar el vacío, ofreciendo cierta medida de estabilidad. Esta fue la principal razón por la que los papas de la Edad Media llegaron a tener un poder que nunca tuvieron los patriarcas de Constantinopla, Antioquía o Alejandría.

Empero León no basaba su propia autoridad sólo en consideraciones de orden político. Para él, la autoridad del obispo de Roma sobre todo el resto de la Iglesia era parte del plan de Dios. En efecto, Jesucristo le había dado las llaves del Reino a San

Pedro, y la Providencia divina había llevado al viejo pescador a la capital del Imperio. Pedro era la piedra sobre la cual Jesucristo había prometido edificar su iglesia, y por tanto quien pretendiera construir sobre otro cimiento no podría construir sino una casa sobre la arena. Fue a Pedro a quien el Señor le dijo repetidamente: "Apacienta mis ovejas". Y todo esto que las Escrituras nos dicen acerca del jefe de los apóstoles es también cierto acerca de sus sucesores, los obispos de Roma. Por tanto, la autoridad del papa no se debe sencillamente a que Roma sea la antigua capital del Imperio, ni a que no haya ahora en todo el Occidente quien pueda dirigir los destinos de la sociedad, sino que es parte del plan de Dios, y ha de subsistir por siempre, pues las puertas del infierno no prevalecerán contra ella. Como vemos, en León encontramos ya los principales argumentos que a través de los siglos se aducirían en pro de la autoridad papal.

Los sucesores de León

El prestigio de León se debió en parte a su propia persona, y en parte a las circunstancias del momento. León era indudablemente un personaje excepcional, y se ha dicho con razón que en su época no había quien se le pudiera comparar en firmeza de carácter, profundidad de percepción teológica, y habilidad política. Pero todo esto pudo manifestarse gracias a la situación política en que le tocó vivir. En efecto, León fue papa durante un período de relativa anarquía en Italia, y buena parte de su grandeza estuvo en saber llenar el vacío creado por esa anarquía.

A la muerte de León, le sucedió Hilario, quien había sido uno de los principales colaboradores del difunto papa, e hizo todo lo posible por continuar su política, aunque con menor éxito.

Durante el pontificado de Simplicio, quien sucedió a Hilario, las condiciones políticas comenzaron a cambiar. En el año 476 Odoacro depuso al último emperador de Occidente. En teoría, esto quería decir que ahora todo el Imperio se hallaba unido de nuevo bajo el emperador que residía en Constantinopla. Pero de hecho lo que sucedió fue que Odoacro y los demás jefes bárbaros, al tiempo que decían gobernar en nombre del emperador, se constituían en realidad en monarcas independientes. Luego, siempre que estos monarcas fueran fuertes, le harían sombra al papa, y tratarían de manejarlo según sus propios designios. En otros momentos los emperadores de Constantinopla tratarían de hacer valer su supuesta autoridad sobre Italia, y por consiguiente sobre el papa. Pero en otras ocasiones no habría poder político alguno capaz de sobreponerse al caos, y entonces los papas se verían en la obligación y la oportunidad de llenar ese vacío.

En época de Simplicio y de sus sucesores Félix III, Gelasio y Anastasio II, las relaciones entre los papas y los emperadores de Constantinopla fueron bastante tensas, pues los emperadores trataban de ganarse las simpatías de los monofisitas de Siria y Egipto, y los papas y todo el Occidente cristiano se oponían a esa política. Según veremos en el próximo capítulo, el monofisismo era una de las doctrinas resultantes de las controversias cristológicas que sacudieron al cristianismo de habla griega durante el siglo V. Aunque esa doctrina había sido condenada oficialmente por el Concilio de Calcedonia en el 451, contaba aún con numerosos adeptos en Siria y Egipto. Puesto que estas regiones comprendían algunas de las más ricas provincias del Imperio, los gobernantes de Constantinopla hicieron todo lo posible por granjearse la buena voluntad de los monofisitas, y esto a su vez creó tensiones entre los papas y los emperadores.

Por otra parte, en época de Félix III los godos, al mando de Teodorico, invadieron a Italia. Para el año 493 Teodorico era dueño de casi toda la península. Puesto que los godos eran arrianos, siempre temían que sus súbditos italianos conspiraran en pro de Constantinopla, y por tanto Teodorico y sus sucesores vieron con buenos ojos las desavenencias entre los papas y los emperadores, y trataron de fomentarlas. Recuérdese además que fue Teodorico quien, al sospechar que su ministro Boecio conspiraba para reintroducir el poderío imperial, lo hizo encarcelar y matar.

Ya antes de la victoria final de Teodorico, el papa Félix III había roto relaciones con el patriarca de Constantinopla, Acacio. Esto es lo que los historiadores occidentales conocen como "el cisma de Acacio" (mientras los orientales culpan al papa por el cisma). Ahora, debido a los intereses de Teodorico y sus sucesores, el cisma se perpetuó.

En el año 498, cuando murió el papa Anastasio II, esta tensión entre godos y bizantinos dio por resultado la existencia de dos papas rivales. Mientras los godos y buena parte del pueblo romano apoyaban a Símaco (a quien los católicos en el día de hoy tienen por verdadero papa), el gobierno de Constantinopla sostenía a Lorenzo. En las calles de Roma hubo encuentros armados en los que murieron varios de los contendientes. Toda una serie de concilios se reunió para tratar de resolver la cuestión, hasta que por fin Símaco resultó vencedor.

Bajo el sucesor de Símaco, Hormisdas, la situación empezó a cambiar. El nuevo emperador, Justino, comenzó a interesarse cada vez más por el Mediterráneo occidental, y por tanto trató de acercarse al papa. Esta política fue seguida mucho más activamente por el sucesor de Justino, su sobrino Justiniano, bajo cuyo gobierno el viejo Imperio Romano disfrutó de un breve florecimiento. Tras una serie de negociaciones, y mientras Hormisdas era todavía papa, el cisma entre Roma y Constantinopla fue subsanado.

Al principio el rey godo Teodorico no se opuso a este acercamiento entre sus súbditos y las autoridades imperiales. Pero hacia el final de sus días comenzó a sospechar que los católicos conspiraban para derrocar el régimen de los godos y devolverle Italia al Imperio; fue entonces cuando hizo encarcelar y matar a Boecio. Poco después el papa Juan I fue enviado por Teodorico en una embajada a Constantinopla y, cuando el obispo no consiguió todo lo que el rey deseaba, este último lo condenó a la cárcel, donde murió. Según se cuenta, Teodorico se aprestaba a entregarles a los arrianos todas las iglesias de Ravena cuando la muerte lo sorprendió.

La muerte de Teodorico marcó el ocaso del reino godo en Italia. Teodorico murió en el año 526, y en el 535 el general constantinopolitano Belisario ya había conquistado la mayor parte de la península. Aunque era de esperarse que la nueva situación política redundaría en provecho del papado, esto no sucedió. Excepto en los últimos años de su gobierno, el arriano Teodorico les había permitido a sus súbditos ortodoxos seguir su propia conciencia en cuestiones de fe. Ahora, el emperador ortodoxo Justiniano, supuestamente aliado del papa, trató de imponer en el Occidente la costumbre oriental de colocar las riendas de la iglesia en manos del estado. El resultado fue toda una serie de papas que no fueron sino títeres del Emperador y de su esposa Teodora. Los pocos que osaron tratar de interrumpir esa serie, sufrieron todo el peso del disgusto imperial. En medio de las controversias teológicas de la época, algunos de estos papas escribieron páginas tristes en la historia del papado, según veremos en el próximo capítulo.

Empero el dominio bizantino sobre Italia no duró mucho. Como hemos dicho anteriormente, el último baluarte godo fue conquistado por las tropas imperiales en el 562, y sólo seis años más tarde los lombardos invadieron el país. Su poderío militar era tal que, de haber continuado unidos, pronto habrían capturado toda la península. Pero tras sus primeras victorias se dividieron, y sus conquistas a partir de entonces fueron esporádicas. Pero en todo caso la presencia de los lombardos, y las guerras constantes que esa presencia acarreó, obligaron a los papas a ocuparse, no sólo de las cuestiones religiosas, sino también de la defensa de Roma y sus alrededores. A la muerte de Justiniano el Imperio Oriental comenzó de nuevo su decadencia, y pronto su autoridad en Italia fue casi nula. El exarcado de Ravena, que teóricamente pertenecía al Imperio, se vio obligado a defenderse frente a los lombardos por cuenta propia. Y lo mismo fue cierto en el caso de Roma, bajo la dirección del papa. Cuando Benedicto I falleció en el 579, las tropas lombardas asediaban la ciudad. Su sucesor Pelagio II la salvó ofreciéndoles a los lombardos fuertes sumas de dinero. Además, en vista de que Constantinopla no le enviaba ayuda, Pelagio inició negociaciones con los francos, para que éstos atacaran a los lombardos por el norte. Aunque tales contactos iniciales no llevaron a la acción militar, eran señal de lo que sucedería varias generaciones más tarde, cuando los francos se volverían los principales aliados del papado.

Gregorio el Grande

En esto estaban las cosas cuando se desató en Italia una terrible epidemia. Pelagio hizo todo lo posible por enfrentarse a este nuevo reto, pero a la postre él mismo sucumbió víctima de la peste. Era el año 590, y quien fue elegido para sucederlo resultaría ser uno de los más grandes papas de todos los tiempos.

Gregorio nació alrededor del año 540 en la ciudad de Roma,

Gregorio I, quien ocupó el papado del 590 al 604, fue sin lugar a dudas uno de los más grandes papas de todos los tiempos.

en medio de una familia que al parecer pertenecía a la vieja aristocracia del lugar. Era la época en que Justiniano reinaba en

Constantinopla, y sus generales trataban de conquistar a los godos en Italia. Tras las primeras victorias, Justiniano había retirado a su general Belisario del campo de batalla, y la guerra se prolongaba por años y años. Gregorio era niño cuando Totila logró reorganizar las tropas godas, y detener por algún tiempo el avance de los ejércitos imperiales. En el 545, Totila sitió a Roma, que por fin se rindió en diciembre del 546. Cuando los godos entraron en la ciudad, el arcediano Pelagio (el mismo que después sería papa) salió al encuentro del rey vencedor y le suplicó que respetara la vida y el honor de los vencidos. Totila accedió, y por tanto la caída de Roma no fue la catástrofe que pudo haber sido.

Es muy probable que Gregorio haya estado en Roma durante estos acontecimientos. En todo caso, no cabe duda de que la actuación de Pelagio fue uno de los modelos que Gregorio siguió cuando le tocó ser papa.

Todo esto nos da a entender que la Roma en que Gregorio se crió distaba mucho de ser la noble ciudad de tiempos de Augusto César. Poco después de la victoria de Totila, Belisario y las tropas imperiales volvieron a tomar la ciudad, sólo para perderla de nuevo. En medio de repetidos sitios, la población de la antigua capital se redujo enormemente. Muchos de los viejos monumentos y edificios fueron destruidos, o bien en los combates mismos, o bien en intentos de utilizar sus piedras para reforzar las defensas de la ciudad. Los acueductos fueron cortados repetidamente por los diversos atacantes, y a la postre quedaron abandonados. Los sistemas de desecación de los viejos pantanos fueron descuidados, y las frecuentes inundaciones producían epidemias no menos frecuentes.

De la juventud de Gregorio en esta ciudad venida a menos, es poco lo que sabemos. Al parecer fue prefecto de la ciudad antes de decidir ser monje. Algún tiempo después el papa Benedicto lo hizo diácono, es decir, miembro del consejo consultivo y administrativo del papa. A la muerte de Benedicto, lo sucedió Pelagio II, quien nombró al monje Gregorio embajador suyo ante la corte de Constantinopla.

En la ciudad del Bósforo Gregorio pasó seis años representando ante el Emperador los intereses del Papa y de los romanos. Durante ese tiempo se vio repetidamente envuelto en las controversias teológicas que siempre bullían en la corte bizantina, pero a pesar de ello nunca aprendió el griego. Fue también allí que trabó amistad con Leandro de Sevilla, a quien ya nos hemos referido como el principal instrumento en la conversión del reino visigodo de España a la fe católica. Por fin, en el año 586, el papa Pelagio envió otro embajador, y Gregorio pudo regresar a la tranquilidad de su monasterio en Roma.

En el monasterio de San Andrés, Gregorio pronto fue hecho abad, al mismo tiempo que servía al papa Pelagio como ayudante y secretario. En esos tiempos, la situación de Roma era difícil, pues dos años antes del regreso de Gregorio los lombardos por fin se habían unido bajo un solo rey, con el propósito de completar la conquista de Italia. Aunque desde Constantinopla el emperador enviaba algunos recursos para la defensa de Roma y de otras ciudades que todavía no habían sido conquistadas, y aunque desde el otro lado de los Alpes los francos invadían frecuentemente los territorios lombardos, la situación militar era precaria.

Para complicar las cosas, se desató una gran epidemia que diezmó la población de la ciudad. Poco antes hubo una inundación que destruyó varios de los principales graneros de la iglesia, donde se guardaba el trigo de que dependía buena parte de los habitantes. Puesto que la peste producía alucinaciones, comenzaron a circular rumores acerca de toda clase de portentos. Un gran dragón apareció en el Tíber. Del cielo llovían flechas de fuego. La muerte aparecía sobre los que iban a morir. El pánico se sumó al hambre y la peste. Para colmo de males, el papa Pelagio, quien con la ayuda de Gregorio y otros se había esforzado por mantener la ciudad relativamente limpia, enterrar a los muertos y alimentar a los hambrientos, enfermó de la plaga y murió.

En tales circunstancias, no eran muchos los que ambicionaban el puesto vacante. El propio Gregorio no tenía otro deseo que regresar a la tranquilidad de su monasterio. Pero el clero y el pueblo lo eligieron con entusiasmo y, al menos por el momento, Gregorio no podía sino continuar la interrumpida obra de Pelagio. Una de sus primeras medidas, sin embargo, fue escribirle al emperador pidiéndole que no confirmara su nombramiento (pues en esa época se acostumbraba que los emperadores en Constantinopla dieran su aprobación al papa electo antes que éste pudiera ser consagrado). Pero el prefecto de la ciudad, que sabía que no podía cumplir con sus obligaciones sin el auxilio de un papa como Gregorio, interceptó la carta.

Otra de las medidas de Gregorio fue convocar a todo el pueblo a una gran procesión de penitencia, pidiéndole a Dios que les perdonara sus pecados y que cesara la plaga. Tras escuchar del nuevo papa un sermón, que todavía se conserva, todo el pueblo salió en angustiada procesión, y se cuenta que la plaga cesó.

Aunque Gregorio no había deseado ser papa, una vez que se vio en posesión de ese cargo se dedicó a cumplir sus obligaciones a cabalidad. En la propia ciudad de Roma, organizó la distribución de alimentos a los necesitados de tal modo que había quien se ocupaba de llevar comida hasta los más escondidos rincones de la ciudad. Al mismo tiempo, el nuevo papa supervisó los envíos de grano que se hacían desde Sicilia, a fin de asegurarse de que no faltasen provisiones. Por otra parte, era necesario asegurarse de que la ciudad misma era habitable y defendible, y a estas tareas, que normalmente debían corresponder a las autoridades civiles, Gregorio se dedicó con ahínco. En la medida de lo posible, se reconstruyeron los acueductos y las fortificaciones, y se restauró la moral de la guarnición, que casi se había perdido por falta de paga.

Para defender la ciudad frente a los lombardos, Gregorio solicitó ayuda de Constantinopla. Pero, puesto que tal ayuda no llegaba, en dos ocasiones se vio obligado a negociar directamente con el enemigo, como si el poder civil le correspondiera. Por fin logró de la reina Teodolinda que su hijo fuese educado en la fe católica, y no en la arriana de los lombardos. En todo esto, en vista de la ausencia de una política por parte del Imperio, Gregorio se vio obligado a actuar por cuenta propia, y por ello se ha dicho que fue él el fundador del poder temporal del papado.

Este poder se extendía directamente a una serie de territorios que de un modo u otro habían llegado a ser propiedad del papado, y que recibían el nombre común de "el patrimonio de San Pedro". Además de las iglesias y varios palacios en la ciudad de Roma, había tierras que pertenecían a este patrimonio en los alrededores de la vieja capital, en otras partes de Italia, en Sicilia, Córcega y Cerdeña, en la Galia, y hasta en Africa. Como propietario de todas estas tierras, el papado gozaba de enormes riquezas. Y Gregorio puso esos recursos al servicio de la grandes tarea de alimentar al pueblo romano. Aunque el gobierno de la ciudad de Roma no le pertenecía, Gregorio se vio obligado a ejercerlo. Este precedente, junto a la decadencia del poder imperial en Italia, hizo que a la larga los sucesores de Gregorio quedaran como dueños y gobernantes de la ciudad de Roma y sus alrededores. Más adelante, hacia fines del siglo VIII, alguien falsificó un documento, la llamada *Donación de Constantino*, en el que se pretendía que el gran Emperador había donado esos territorios a los sucesores de Pedro.

En Roma, además de ocuparse de las necesidades físicas del pueblo, Gregorio se ocupó de la vida de la iglesia. Para él la predicación era de gran importancia, y por tanto dedicó buena parte de sus esfuerzos a predicar en las diversas iglesias de la ciudad, y a asegurarse que la enseñanza y la predicación recibieran particular atención por parte de todo el clero. Los lujos a que algunos se habían acostumbrado fueron prohibidos, así como los pagos excesivos que algunos clérigos recibían por sus servicios. Además, Gregorio adoptó medidas en pro del celibato eclesiástico, que paulatinamente se había ido generalizando en Italia, pero que muchos no cumplían.

Empero como obispo de Roma Gregorio se consideraba a sí mismo también patriarca de Occidente. Sin reclamar para el papado la autoridad universal que antes había defendido León, Gregorio hizo mucho más que su antecesor por aplicar esa autoridad en diversas regiones. En España, apoyó las medidas que su amigo Leandro de Sevilla y el rey Recaredo tomaban en pro de la conversión del país del arrianismo al catolicismo. De hecho, fue él quien de tal modo interpretó la rebelión de Hermenegildo, a que nos hemos referido antes, que pronto se le tuvo por mártir de la fe ortodoxa, y a la postre apareció el culto a "San Hermenegildo". En Africa el principal problema no eran los arrianos, sino los donatistas, cuyo cisma perduraba aún. En época de Gregorio, y gracias a las conquistas de Justiniano y de su general Belisario, todo el norte de Africa formaba parte del Imperio Romano. El Egipto estaba bajo la jurisdicción del patriarca de Alejandría. Pero Gregorio, como patriarca de Occidente, creía tener cierta jurisdicción sobre el antiguo reino de los vándalos, que siempre había sido parte del Imperio de Occidente. Por tanto, trató de intervenir en esa región para destruir el donatismo que todavía persistía. Los obispos africanos, sin embargo, no tenían gran interés en proseguir la política intransigente que Gregorio les sugería, y se contentaron con seguir conviviendo con los donatistas, como habían aprendido a hacerlo durante los días difíciles del régimen vándalo.

Por su parte, Gregorio trató de que las autoridades imperiales aplicaran las leyes de Constantino y sus sucesores inmediatos contra los donatistas, que supuestamente seguían todavía vigentes, pero no se aplicaban. Mas los representantes de Constantinopla se mostraron también más tolerantes que el papa, y por tanto la política de este último en el norte de Africa fue, en términos generales, un fracaso. A Inglaterra, Gregorio envió a Agustín y sus compañeros de misión, y después mandó otros contingentes para continuar y aumentar su obra. En los territorios francos, Gregorio aumentó el prestigio de la sede romana mediante una serie de hábiles maniobras. Los diversos reyes francos estaban en constante lucha entre sí, cada cual trataba de aumentar sus dominios a expensas de sus vecinos, y todos en pos de la hegemonía de la región. En tales circunstancias, las buenas relaciones con el prestigioso obispo de Roma podían contribuir al triunfo de uno u otro bando. Gregorio aprovechó entonces los deseos de varios de estos gobernantes, para establecer relaciones con ellos, sobre todo al otorgar honores especiales a tal o cual obispo de tal o cual reino. Al mismo tiempo trató de utilizar estos contactos para pedirles a los gobernantes que reformasen las prácticas eclesiásticas en sus dominios, donde era costumbre comprar y vender cargos en la iglesia, y donde era frecuente el caso de algún laico ambicioso que de pronto era nombrado obispo. En estos intentos de reforma, Gregorio fracasó rotundamente, pues los jefes francos querían retener su poder sobre la iglesia, y lo que el Papa pedía quebrantaría ese poder. Pero, al mismo tiempo que no logró las reformas deseadas, Gregorio sí logró aumentar el prestigio y autoridad del papado en los territorios francos, pues a partir de entonces quedaron establecidos numerosos precedentes que parecían indicar que el papa tenía jurisdicción sobre los asuntos eclesiásticos en Francia.

En resumen, mediante la simple política de intervenir en diversas situaciones, y hacerlo casi siempre con tacto y habilidad diplomática, Gregorio extendió la esfera de influencia del papado. Para esta tarea, contó con la ayuda del monaquismo benedictino, que comenzaba a diseminarse por Europa occidental. Puesto que ese monaquismo y el papado fueron las dos características principales del cristianismo medieval, puede decirse que en tiempos de Gregorio se sentaron las bases que a la larga le permitirían a la iglesia occidental salir de la "era de las tinieblas". Empero, como veremos más adelante, la obra de Gregorio tomó siglos en llegar a su completo desarrollo, y en el entretanto los períodos de corrupción y oscurantismo fueron más frecuentes que los breves momentos de luz y reforma.

No haríamos justicia a todas las razones por las que Gregorio recibió el título de "el Grande" si nos olvidásemos de su obra literaria y teológica. Desde antes de ser papa, se había dedicado al estudio de las Escrituras y de los antiguos autores cristianos. Siendo papa, aunque le dedicó menos tiempo a ese estudio, produjo numerosos sermones y cartas, muchos de los cuales se conservan todavía. A través de esos escritos, hizo sentir su impacto sobre todo el pensamiento medieval.

Gregorio no era un pensador de altos vuelos, ni un comentarista original de las Escrituras. Al contrario, para él lo que pareciera ser "original" o "novedoso" debía evitarse por todos los medios posibles, pues la tarea del maestro cristiano no es decir algo nuevo, sino repetir lo que la iglesia ha enseñado desde su mismo nacimiento, y por tanto sólo los herejes son autores o pensadores originales. Por su parte, Gregorio se conforma con no ser sino el portavoz de la antigüedad cristiana, su intérprete para los tiempos presentes. Le basta con ser discípulo de Agustín, y maestro de las enseñanzas de éste.

Pero los siglos no pasan en vano. Un enorme abismo se abría entre el venerado obispo de Hipona y su intérprete de fines del siglo sexto. A pesar de toda su sabiduría, Gregorio vivió en un tiempo de ignorancia, y en cierta medida tenía que ser partícipe de esa ignorancia. Además, por el solo hecho de tomar a Agustín como maestro infalible, Gregorio tuerce el espíritu mismo de su maestro venerado, cuyo genio estuvo, en parte al menos, en su mente inquieta y sus conjeturas aventuradas. Lo que para Agustín no fue sino suposición, en Gregorio se vuelve certeza. Así, por ejemplo, Agustín se había aventurado a decir que quizá haya un lugar donde quienes mueren en pecado han de pasar por un proceso de purificación, antes de pasar a la gloria. Basándose en esa conjetura por parte de su maestro, Gregorio declara que indudablemente hay tal lugar, y procede entonces a desarrollar la doctrina del purgatorio.

Fue sobre todo en lo que se refiere a la doctrina de la salvación que Gregorio mitigó y hasta transformó las enseñanzas de Agustín. Las doctrinas agustinianas de la gracia irresistible y de la predestinación quedaron relegadas en las obras de Gregorio, quien dedicó su atención a la cuestión de cómo hemos de ofrecerle a Dios satisfacción por los pecados cometidos. Esa satisfacción se ofrece mediante la penitencia, que consiste en la contrición, la confesión y la pena o castigo. A estas tres fases se añade la absolución sacerdotal, que confirma el perdón que ya Dios le ha otorgado al penitente. Quienes mueren en la fe y comunión de la iglesia, pero sin haber hecho penitencia suficiente por todos sus pecados, van al purgatorio, donde pasan algún tiempo antes de ir al cielo.

Uno de los modos en que los vivos pueden ayudar a los muertos a salir del purgatorio es ofrecer misas en su nombre. Para Gregorio, la misa es un sacrificio en el que Cristo es inmolado de nuevo (y cuenta la leyenda que en cierta ocasión, cuando nuestro Papa celebraba la misa, se le apareció el Crucificado). Esta idea de la misa como sacrificio, que quizá podría deducirse de algunos textos de San Agustín, aunque forzándolos, es parte fundamental de la devoción y la teología de Gregorio.

Se cuenta que, cuando Gregorio era todavía abad de San Andrés, se enteró de que uno de sus monjes, que estaba a punto de morir, tenía escondidas unas monedas de oro. La sentencia del abad fue dura: el monje prevaricador moriría sin escuchar una palabra de perdón o de consuelo, y sería enterrado en un montón de estiércol, junto a su oro. Después de cumplida esta sentencia, y para la salvación del alma de Justo (que así se llamaba el monje), Gregorio ordenó que durante los próximos treinta días se dijera en su memoria la misa del monasterio. Al final de este período, el abad declaró que, según una visión recibida por el monje Copioso, hermano carnal del difunto, el alma de Justo había salido del purgatorio y se encontraba ahora en la gloria. Todo esto no fue invención de Gregorio. Era más bien parte del ambiente y las creencias de la época. Pero, mientras los antiguos maestros de la iglesia se habían esforzado por evitar que la doctrina cristiana se contaminara con supersticiones populares, Gregorio sencillamente aceptó todas las creencias, supersticiones y leyendas de su época como si fueran la verdad evangélica. Sus obras están llenas de narraciones de milagros, apariciones de difuntos, ángeles y demonios, etc. Cuando, con el correr del tiempo, se le dio a la producción literaria de Gregorio la misma autoridad infalible que él le había dado a San Agustín, buena parte de las creencias populares del siglo sexto quedó de hecho incorporada a la doctrina cristiana.

Los sucesores de Gregorio

Los papas que siguieron a Gregorio se mostraron incapaces de continuar su obra. Su sucesor inmediato, Sabiniano, creyó prudente vender a buen precio el trigo, que Gregorio había repartido gratuitamente. Cuando los pobres se quejaron diciendo que sólo los ricos podrían comer, y ellos morirían de hambre, Sabiniano comenzó una campaña de difamación contra la memoria de Gregorio, diciendo que había utilizado el patrimonio de la iglesia para ganar popularidad. Como reacción, se desató una campaña pública contra el papa reinante. Pedro el Diácono, fiel admirador de Gregorio, declaró que, en vida del difunto papa, había visto al Espíritu Santo, en forma de paloma, susurrándole al oído. (A partir de entonces buena parte de la iconografía cristiana ha representado a Gregorio con una paloma sobre el hombro). Cuando Sabiniano murió, antes de los dos años de pontificado, se dijo que Gregorio se le había aparecido tres veces sin que el papa avaro le hiciera caso, y que a la cuarta aparición el espíritu de Gregorio se enfureció de tal modo que mató a Sabiniano de un golpe en la cabeza.

El próximo papa, Bonifacio III, logró que el emperador Focas le concediera el título de "obispo universal", que Gregorio había rechazado. Posteriormente, otros papas han citado este

A base del testimonio de Pedro el Diácono, la iconografía cristiana representa a Gregorio con el Espíritu Santo hablándole al oído.

precedente para indicar que aun la iglesia bizantina llegó a reconocer la primacía de Roma. Pero el hecho es que el emperador Focas, quien le dio este título a Bonifacio, era un usurpador, y que la única razón por la que honró de ese modo al Papa era que estaba enojado con el patriarca de Constantinopla, que por algún tiempo se había llamado "obispo universal". En todo caso, el papado de Bonifacio III no duró un año, y a la muerte del emperador Focas el patriarca de Constantinopla volvió a tomar el codiciado título.

Del 607 al 625, hubo una sucesión de tres papas que lograron restaurar algo del lustre que el papado había perdido: Bonifacio IV, Deodato y Bonifacio V. Estos pontífices volvieron a la vida austera que Gregorio había llevado, y en medio de las vicisitudes de la época pudieron lograr algunas reformas en la disciplina eclesiástica, y organizar la iglesia inglesa según los patrones romanos.

Durante el próximo papado, sin embargo, comenzaron a verse las funestas consecuencias de la relación estrecha que existía entre Roma y Constantinopla. Como hemos visto en el volumen anterior, desde tiempos de Juan Crisóstomo los emperadores de Constantinopla se habían acostumbrado a tener la última palabra en cuestiones eclesiásticas. La situación en el Occidente, donde a menudo no había habido un poder civil efectivo, era muy distinta. Pero en el siglo VII, puesto que no había emperador en el Occidente, e Italia estaba dentro de la esfera de influencia de Constantinopla, los emperadores orientales trataron de imponer su voluntad sobre los papas de igual modo que lo habían hecho con los patriarcas de Constantinopla. El papa Honorio, sucesor de Bonifacio V, tuvo que enfrentarse a la cuestión del monotelismo, doctrina que discutiremos en el próximo capítulo, y que era apoyada por el emperador Heraclio. Presionado por el Emperador, el Papa se declaró monotelita. Cuando, tras largas controversias, la cuestión se resolvió en el Concilio de Constantinopla en el año 680, el papa Honorio, que había muerto cuarenta y dos años antes, fue declarado hereje.

En el entretanto, los sucesores de Honorio se habían mostrado más firmes frente a la doctrina monotelita y a las pretensiones imperiales. Pero tuvieron que pagar esa firmeza a buen precio. Durante el papado de Severino, en el 640, el exarca de Ravena, quien era el principal representante imperial en Italia, tomó a Roma y se posesionó de los tesoros de la iglesia. Una parte del botín fue enviada a Constantinopla, y los clérigos que protestaron fueron exiliados.

Poco después el papa Martín sufrió consecuencias semejantes.

Reinaba a la sazón en Constantinopla Constante II, quien trató de terminar el asunto y sencillamente prohibió todo debate acerca de él. Pero al Papa esto le parecía todavía una usurpación de poder por parte del Emperador, y convocó un concilio que se reunió en el Laterano y condenó el monotelismo, en abierta desobediencia al mandato imperial. El resultado fue que las tropas del exarca de Ravena secuestraron al Papa, que fue llevado a Constantinopla, y de allí al exilio, donde murió. El monje Máximo, quien lo había apoyado decididamente, fue enviado al exilio, después de serles cortadas la lengua y la mano derecha, para que no pudiera dar a conocer sus supuestas herejías. Tras tales muestras del poder imperial, los sucesores de Martín obedecieron el mandato de Constante, y guardaron silencio acerca del monotelismo. Cuando por fin se reunió el Concilio de Constantinopla en el 680, esto tuvo lugar porque las circunstancias políticas habían cambiado, y el nuevo emperador estaba deseoso de llegar a un acuerdo más aceptable para la iglesia occidental. Siguió entonces un período de paz entre Roma y Constantinopla, durante el cual la primera se sometió a la segunda, al parecer sin protesta alguna.

El conflicto entre el Imperio oriental y la iglesia de Occidente surgió de nuevo en ocasión del concilio que el emperador Justiniano II hizo convocar a fines del siglo VII, y que se conoce como el Concilio "in Trullo", por haberse reunido en uno de los salones del palacio imperial que recibía ese nombre. Entre otras cosas, se trató en él acerca del matrimonio de los clérigos. En esa época se había establecido la costumbre, tanto en el Oriente como en el Occidente, de prohibirles a los clérigos casarse después de su ordenación. Pero, mientras en el Oriente se les permitía a los hombres casados continuar su vida matrimonial después de su ordenación, en el Occidente se prohibía todo acto sexual en tales casos. El concilio *in Trullo* rechazó la práctica occidental, al declarar que no hay base escrituraria sobre la cual prohibirles a los clérigos casados que continúen teniendo relaciones sexuales con sus esposas. El papa Sergio se negó a aceptar las decisiones del concilio, e insistió en que todos los clérigos debían permanecer célibes. Justiniano intentó tratarlo de igual modo que su antecesor había tratado a Martín; pero el pueblo romano se rebeló, y los oficiales imperiales habrían salido mal parados de no haber sido por la intercesión del Papa, que le pidió moderación al pueblo. Justiniano se preparaba a responder a este insulto cuando fue depuesto. Cuando por fin recobró el trono, comenzó una venganza sistemática contra todos los que se le habían opuesto en el período anterior. Puesto que el papa Sergio había muerto, el Emperador no podía vengarse de él, pero sí podía insistir en que el nuevo papa, Constantino, aceptara los decretos del concilio *in Trullo*. Con este propósito en mente, citó al Papa a Constantinopla. Dando pruebas de un valor inusitado, Constantino aceptó la invitación del Emperador. No se sabe en qué consistieron las conversaciones entre el Emperador y el Papa. El hecho es que, aunque este último tuvo que humillarse ante el primero, pudo regresar a Roma con el favor imperial, y no se vio obligado a aceptar los decretos del discutido concilio. Poco después el Emperador fue muerto y decapitado. Cuando su cabeza fue enviada a Roma, el pueblo la profanó por las calles.

El sucesor del papa Constantino, Gregorio II, chocó también con la corte de Constantinopla. La razón de esta nueva malquerencia fue la cuestión de las imágenes, de que trataremos en el próximo capítulo, pues fue principalmente una controversia dentro de la iglesia oriental. Una vez más el papa recibía órdenes del emperador, dictándole el curso a seguir en asuntos al parecer puramente religiosos. En este caso, el emperador ordenaba que no se veneraran en las iglesias las imágenes de los santos. Las razones por las que la corte bizantina se oponía a las imágenes serán discutidas más adelante. En todo caso, lo que aquí nos importa es que de nuevo hubo una ruptura entre Roma y Constantinopla, pues el Papa y sus seguidores se negaron a obedecer el mandato imperial. Tanto Gregorio II como su sucesor, Gregorio III, convocaron concilios que se reunieron en Roma y condenaron a los "iconoclastas" (como se les llamaba a los que se oponían a las imágenes). El Emperador, enfurecido, envió una gran escuadra contra Roma. Pero se desató una gran tormenta, y buena parte de la flota imperial naufragó. Poco antes los musulmanes (de cuyas conquistas trataremos en capítulo aparte) habían tomado varias de las provincias más ricas del Imperio, y se habían posesionado también de toda la costa sur del Mediterráneo. Todos estos desastres señalaron el fin de la influencia de Constantinopla sobre el Mediterráneo occidental. En lo que se refiere al papado, este cambio de circunstancias puede verse en el hecho de que, hasta Gregorio III, la elección de un nuevo papa no se consideraba válida mientras no fuese ratificada por el emperador o por su representante en Ravena. Después de Gregorio, no se buscó ya esa ratificación.

Esta nueva situación necesitó un cambio radical en la política internacional de los papas. Tras la destrucción de la flota bizantina, al mismo tiempo que el Papa se sintió aliviado por la desaparición de esa amenaza, también se vio agobiado por el creciente poder de los lombardos, que por varias generaciones habían estado tratando de hacerse dueños absolutos de toda Italia. Las tropas imperiales habían sido el principal obstáculo frente a las ambiciones de los lombardos. Ahora que faltaban esas tropas, ¿qué podía hacer el Papa para impedir que sus antiguos enemigos se posesionaran de Roma? La respuesta estaba clara. Más allá de los Alpes los francos se habían convertido en una gran potencia. Poco antes su jefe, Carlos Martel, había detenido el avance de los musulmanes al derrotarlos en la batalla de Tours o Poitiers. ¿Por qué no pedirle entonces, a quien había salvado a Europa del Islam, que salvara ahora a Roma de los lombardos? Tal fue la petición que Carlos Martel recibió del Papa, junto a la promesa de nombrarlo "cónsul de los romanos". Aunque es imposible saber a ciencia cierta si Gregorio se percataba de la magnitud del paso que estaba dando, el hecho es que en aquella carta del Papa al mayordomo de palacio de los francos se estaban estableciendo varios precedentes. El Papa se dirigía a Carlos Martel ofreciéndole honores que tradicionalmente sólo el emperador o el senado romano podían otorgar, y lo hacía sin consultar a Constantinopla. Gregorio actuaba más bien como estadista autónomo que como súbdito del Imperio o como jefe espiritual. Por otra parte, con estas gestiones de Gregorio ante Carlos Martel se daban los primeros pasos hacia el surgimiento de la Europa occidental, unida (en teoría al menos) bajo un papa y un emperador.

En esto estaban las cosas cuando murieron Gregorio y Carlos Martel. Luitprando, el rey de los lombardos, se había abstenido de atacar los territorios romanos, quizá porque sabía de las negociaciones que estaban teniendo lugar con los francos, y no

El papado / 101

quería provocar la enemistad de tan poderosos vecinos. Pero a la muerte de Carlos Martel su poder quedó dividido entre sus dos hijos, y Luitprando comenzó a avanzar de nuevo contra Roma y Ravena. El nuevo papa, Zacarías, no tenía otro recurso que el prestigio de su oficio. Al igual que León ante el avance de Atila, Zacarías se dispuso ahora a enfrentarse a Luitprando cara a cara. La entrevista tuvo lugar en la iglesia de San Valentín, en Terni, y Luitprando le devolvió al Papa todos los territorios recientemente conquistados, además de varias plazas que los lombardos habían poseído por tres décadas. Zacarías regresó a Roma en medio de las aclamaciones del pueblo, que lo siguió en una procesión de acción de gracias hasta la basílica de San Pedro. Cuando Luitprando atacó a Ravena, Zacarías se entrevistó de nuevo con él, y otra vez logró una paz ventajosa.

A la muerte de Luitprando, sin embargo, lo sucedieron otros jefes lombardos menos dispuestos a doblegarse ante la autoridad o las súplicas del Papa, y fue entonces cuando Zacarías accedió a la deposición del rey Childerico III, "el estúpido", y a la coronación de Pipino, el hijo de Carlos Martel (véase más arriba, la pág. 41). De este modo continuaba la política establecida por Gregorio III, de aliarse con los francos ante la amenaza de los lombardos.

Zacarías murió el mismo año de la coronación de Pipino (752), pero su sucesor, Esteban II, pronto tuvo ocasión de cobrar la deuda de gratitud que el nuevo rey franco había contraído con Roma. Amenazado como estaba por los lombardos, Esteban viajó hasta Francia, donde ungió de nuevo al Rey y a sus dos hijos, al tiempo que les suplicaba ayuda frente a los lombardos. En dos ocasiones Pipino invadió a Italia en defensa del Papa, y en la segunda le hizo donación, no sólo de Roma y sus alrededores, sino también de Ravena y otras ciudades que los lombardos habían conquistado, y que tradicionalmente habían sido gobernadas desde Constantinopla. Aunque el Emperador protestó, el Papa y el rey de los francos le prestaron oídos sordos. El Imperio Bizantino no era ya una potencia digna de tenerse en cuenta en el Mediterráneo occidental. Y el papa se había vuelto soberano temporal de buena parte de Italia. Esto era posible, en teoría al menos, porque el emperador reinante en

Constantinopla se había declarado contrario a las imágenes, y por tanto no era necesario obedecerlo.

A la muerte de Esteban, lo sucedió su hermano Pablo, quien ocupó la sede pontificia por diez años, siempre bajo la protección de Pipino. Pero a su muerte un poderoso duque vecino se apoderó por la fuerza de la ciudad y nombró papa a su hermano Constantino. Este es uno de los primeros ejemplos de una situación que se repetirá a través de toda la Edad Media. Puesto que el papado se había vuelto una posesión territorial, y puesto que gozaba además de gran prestigio y autoridad en otras partes de Europa, eran muchos los que lo codiciaban, no por razones religiosas, sino puramente políticas. A falta de un sistema de elección rigurosamente establecido, no faltaron nobles vecinos, o familias poderosas en la propia Roma, que se adueñaron del papado y lo utilizaron para sus propios fines. En este caso, empero, Constantino no pudo sostenerse en el poder, pues algunos romanos apelaron a los lombardos, quienes intervinieron mediante las armas, depusieron al usurpador, y procedieron a una nueva elección. El papa electo fue Esteban III, quien emprendió una terrible venganza contra los que habían apoyado la usurpación, sacándoles los ojos, mutilándolos y encarcelándolos.

Poco después murió Pipino, el rey de los francos, y lo sucedieron sus dos hijos Carlos (Carlomagno) y Carlomán, quienes se dividieron el reino. A la muerte de Carlomán en el 771, Carlomagno se posesionó de los territorios de su hermano, y desheredó así a sus sobrinos. Esto no era del todo irregular, pues entre los francos la corona no era estrictamente hereditaria, sino electiva. Aunque la costumbre de heredar los territorios se había ido estableciendo a través de las generaciones, lo que debía hacerse a la muerte de Carlomán, en teoría al menos, era permitirles a los nobles de su reino que eligieran a su sucesor o sucesores. Esto fue lo que hizo Carlomagno, a sabiendas de que los nobles del reino de su difunto hermano preferirían tenerlo a él por rey antes que a los débiles e inexpertos hijos de Carlomán. Estos últimos se refugiaron en la corte de Desiderio, rey de los lombardos, quien tomó la defensa de su causa. El resultado de todo esto fue una alianza aún más estrecha entre el papa, a la sazón Adriano, y Carlomagno.

Desiderio decidió aprovechar una oportunidad en la que Carlomagno se encontraba envuelto en otras guerras fronterizas para atacar algunos de los estados pontificios. Pero Carlomagno atravesó inesperadamente los Alpes y les infligió tales derrotas a los lombardos que el poderío de éstos quedó seriamente quebrantado. En un acto solemne, Carlomagno confirmó la donación de territorios que su padre Pipino le había hecho al papa. Esto sucedió en el año 774. A partir de entonces, y por diversas razones, Carlomagno visitó la ciudad papal repetidamente. Una de esas visitas tuvo lugar a fines del año 800. El sucesor de Adriano, León III, había sido atacado físicamente por una de las familias poderosas de Roma, que deseaba el papado para uno de sus miembros. León atravesó los Alpes y pidió socorro a Carlomagno, quien de nuevo se presentó en Roma, escuchó los argumentos de ambas partes, y falló a favor del Papa. Al llegar el día de Navidad, León presidió el culto solemne, en el que se encontraban presentes Carlomagno y toda su corte y principales oficiales, así como una enorme muchedumbre del pueblo romano. Al terminar el culto, el Papa tomó una corona entre sus manos, marchó hasta donde estaba el Rey, lo coronó, y proclamó:

"¡Dios le dé vida y victoria al grande y pacífico Emperador!"

Al oír estas palabras, todos los presentes irrumpieron en vítores y aclamaciones, mientras el Papa ungía al nuevo emperador.

Era un hecho sin precedente. Hasta unas pocas generaciones antes, la elección de cada nuevo papa no era válida mientras no fuese confirmada por el emperador de Constantinopla. Ahora un papa se atrevía a coronar a un rey con el título de emperador. Y lo hacía sin consulta previa con el Imperio Oriental. Es imposible saber a ciencia cierta cuáles eran los propósitos específicos de León al otorgarle a Carlomagno la dignidad imperial. Sin embargo, una cosa resultaba clara. Desde tiempos de Rómulo Augústulo no había habido emperador en el Occidente. En teoría, el emperador de Constantinopla lo era de todo el antiguo Imperio Romano. Pero de hecho el gobierno imperial sólo había sido efectivo en el Occidente en algunas regiones de Africa e Italia. Y aun allí su autoridad había sido burlada frecuentemente. En tiempos más recientes, los musulmanes habían conquistado los territorios imperiales en Africa, y por diversas razones la autoridad del emperador en Italia se había visto limitada al extremo sur de la península. Ahora, en virtud de la acción de León, habría un emperador de Occidente, y el papado se colocaba definitivamente fuera de la jurisdicción del Imperio de Oriente. La cristiandad occidental había nacido.

IV.
La iglesia oriental

> *Cuando no tengo libros, o cuando mis pensamientos, que me torturan como espinas, me impiden disfrutar de la lectura, voy a la iglesia, que es el remedio disponible para todas las enfermedades del alma. La frescura de las imágenes atrae mis miradas, cautiva mis ojos [...] e insensiblemente me lleva el alma a la alabanza divina.*
>
> Juan de Damasco

Durante los primeros capítulos de este volumen, nuestra atención se ha dirigido casi exclusivamente hacia el Occidente, a la porción del Imperio Romano que hablaba mayormente el latín. Esto es justo, pues es de ese cristianismo occidental que casi todos nosotros, tanto católicos como protestantes, somos herederos. Por tanto, la mayor parte de nuestra narración tratará acerca de él. Pero no debemos olvidar que, mientras sucedían los acontecimientos que hemos ido refiriendo, existía todavía una iglesia pujante en la porción oriental del viejo Imperio Romano. Fue en esa parte del Imperio, en Palestina, donde el cristianismo tuvo su origen. En Antioquía los seguidores del "camino" fueron llamados "cristianos" por primera vez. En Alejandría se forjó buena parte de la teología cristiana antigua. Y la ciudad de Constantinopla fue fundada para ser una nueva Roma cristiana. Luego, haríamos mal si olvidásemos la historia de esta parte tan importante de la iglesia cristiana.

Según veremos en este capítulo, y a través de toda nuestra historia, el cristianismo oriental pronto desarrolló características muy distintas de las de su congénere de Occidente. Puesto que en el Oriente el Imperio continuó existiendo por mil años después que los bárbaros destruyeron el Imperio de Occidente, no hubo allí el vacío de poder que papas como Gregorio el Grande llenaron en el Occidente. Esto a su vez quiso decir que el estado tuvo casi siempre un dominio efectivo sobre la iglesia. En el volumen anterior vimos la trágica historia de Juan Crisóstomo en sus conflictos con la corona. Esa historia es índice de las relaciones entre la iglesia y el estado que prevalecerían por siglos en el Imperio Bizantino. El emperador tendría la última palabra, no sólo en asuntos civiles y administrativos, sino aun en cuestiones de doctrina.

La consecuencia inmediata de esto fue que los debates doctrinales, que siempre habían sido más activos en el Oriente que en el Occidente, ahora se volvieron enconados. El partido que ganaba lograba que sus contrincantes fuesen depuestos y exiliados. A fin de triunfar en el debate, lo importante no era tanto tener razón, como tener el apoyo del emperador o sus ministros. No faltaron casos en los que los contrincantes hicieron uso directo de la violencia. Y las cuestiones que se debatían se volvieron cada vez más detalladas y abstractas.

Sin embargo, todo esto no ha de hacernos pensar que lo que estaba teniendo lugar en el Oriente carecía de importancia. Durante el período que estamos estudiando, la iglesia era todavía una, y aunque a los historiadores nos pueda parecer que ya existían diferencias marcadas entre el Oriente y el Occidente, a quienes les tocó vivir en aquellos tiempos les parecía que lo más importante era la unidad de la iglesia, a pesar de tales diferencias. Por tanto, los debates teológicos que hemos de estudiar en este capítulo, aunque tuvieron lugar mayormente en el Oriente, y nunca sacudieron verdaderamente a la iglesia occidental, fueron de gran importancia para toda la iglesia, y su impacto puede sentirse hasta nuestros días. A la postre, tanto la iglesia occidental como la oriental aceptaron el resultado final de estas controversias.

Un bosquejo: los primeros siete concilios

En términos generales, podría decirse que estos debates teológicos hallaron sus puntos culminantes en los primeros siete concilios ecuménicos. En el volumen anterior hemos tratado acerca de los dos primeros. Pero en todo caso, a modo de bosquejo de lo que hemos dicho y lo que ha de seguir, ofrecemos la siguiente lista de aquellos primeros concilios y sus fechas:

1) Nicea 325
2) Constantinopla 381
3) Efeso 431
4) Calcedonia 451
5) II Constantinopla 553
6) III Constantinopla 680-681
7) II Nicea 787

Como vemos, la narración de los debates que tuvieron lugar alrededor de estos concilios nos llevará aproximadamente hasta la misma fecha en que hemos dejado nuestro relato en Occidente, es decir, la coronación de Carlomagno como emperador en el año 800.

Los dos primeros concilios, el de Nicea y el de Constantinopla, trataron principalmente acerca de la controversia arriana, que hemos discutido en el volumen anterior. El lector recordará que esa controversia se refería a la relación entre el Padre y el Hijo o Verbo (y, en sus etapas finales, el Espíritu Santo). El resultado de ese debate fue la promulgación de la doctrina trinitaria por los concilios de Nicea y Constantinopla.

El tema que a partir de entonces ocupará la atención de los teólogos, y que tratarán de definir todos los concilios, hasta el sexto, se relaciona estrechamente con el anterior, y consiste en el modo en que la humanidad y la divinidad se relacionan en Jesucristo. En otras palabras, mientras en la controversia arriana el debate era principalmente trinitario, en este nuevo período el debate será cristológico. Por último, el Séptimo Concilio Ecuménico tratará acerca de las imágenes.

Pasemos entonces a discutir el desarrollo de las controversias cristológicas.

Apolinario y el Concilio de Constantinopla

Las controversias cristológicas tenían profundas raíces en diversos modos de ver la fe cristiana y la tarea de la teología. Ya en el primer volumen de esta historia hemos visto que desde fecha muy temprana comenzaron a surgir distintos tipos de teología en diversas regiones del Imperio. En el Oriente, estas dos posiciones pueden describirse refiriéndonos a las dos grandes ciudades que desde tiempos antiguos habían sido los principales centros de actividad teológica: Antioquía y Alejandría. Esto no quiere decir, naturalmente, que en cada una de estas dos ciudades todos pensaran igual. Por ejemplo, siempre hubo en Antioquía quienes se acercaban más a la perspectiva alejandrina que a la antioqueña. Pero en términos generales, y a fin de clarificar la situación, la distinción entre la teología de Antioquía y la de Alejandría es válida.

En Alejandría, por lo menos desde tiempos de Clemente a fines del siglo segundo, los teólogos cristianos habían interpretado su fe a la luz de la tradición platónica. Para ellos, lo importante era descubrir las verdades eternas, de igual modo que Platón había intentado conocer el mundo de las ideas inmutables. El cristianismo era ante todo la verdadera filosofía, superior al platonismo, no porque fuera distinto de él, sino porque lo superaba. La Biblia era un conjunto de alegorías en las que el lector avisado podía descubrir las verdades eternas. Desde este punto de vista, al tratar acerca de la persona de Jesucristo, lo que les importaba a los teólogos alejandrinos era su función como maestro de verdades eternas, como revelación del Padre inefable. Su humanidad no era sino el instrumento mediante el cual el Verbo divino se comunicaba con los seres humanos. Por lo tanto, los teólogos alejandrinos subrayaban sobre todo la divinidad de Jesucristo.

En Antioquía, el cristianismo era visto de otro modo. Antioquía se encontraba junto a Palestina, y tanto en la ciudad como en sus alrededores había numerosos judíos que constantemente servían de advertencia a los cristianos, recordándoles el sentido histórico y literal de las Escrituras. Las tierras en que Jesús había vivido y caminado estaban cerca, y por tanto no era posible prescindir del Jesús histórico, o relegarlo a segundo plano. Además, desde tiempos antiquísimos los intérpretes antioqueños habían visto la Biblia, no como un conjunto de alegorías, sino como una narración que contaba las relaciones de Dios con su pueblo y su creación. Para ellos, esto era más importante que las verdades eternas. Lo que Jesucristo había venido a hacer no era tanto revelarnos principios antes desconocidos, como iniciar una nueva era con una nueva humanidad: la iglesia. Siglos antes, Ireneo había dicho que desde los mismos inicios de la creación Dios había tenido el propósito de unirse a la humanidad, y que ahora lo había hecho en Jesucristo, para que todos sus seguidores pudiésemos a nuestra vez unirnos a Dios. Desde esta perspectiva, al tratar acerca de la persona de Jesucristo, lo importante no era su función como maestro de verdades eternas, o como revelación del Padre inefable, sino su realidad histórica, su humanidad como la nuestra. El mensaje cristiano consistía precisamente en que ahora, en Jesucristo, Dios se había unido a la humanidad. Por tanto, los teólogos antioqueños se sentían obligados a rechazar toda interpretación de la persona de Cristo que de un modo u otro negara u ocultara la realidad de su humanidad.

Por otra parte, mucho antes de estallar las controversias que ahora vamos a estudiar, la iglesia había rechazado cualquier posición extrema que negase, o bien la humanidad, o bien la divinidad de Jesucristo. El docetismo, por ejemplo, decía que el Salvador era un mensajero venido de lo alto, cuya carne humana era pura apariencia. Y a través de todo el siglo segundo los escritores cristianos se esforzaron por rechazar semejante interpretación de la persona de Jesucristo, que hacía de él un ser divino, carente de humanidad. Al otro extremo, hubo quienes negaron la divinidad del Salvador al decir que era "puro hombre". Uno de estos teólogos, Pablo de Samosata, quien fue obispo de Antioquía en la segunda mitad del siglo tercero, fue condenado y depuesto precisamente por decir que Jesucristo era "puro hombre", y que en él no habitaba Dios mismo, sino el "poder" impersonal de Dios.

Luego, al comenzar estas controversias había ciertos límites trazados de antemano. Todos concordaban en que Jesús era tanto divino como humano. Quien negara uno de estos dos elementos sencillamente sería declarado hereje, y no causaría debate alguno. Las controversias tendrían que ver, no con la cuestión de si Jesús era divino o no, ni con el asunto de si era humano o no, sino más bien con la cuestión de cómo o en qué sentido Jesús era tanto humano como divino.

Las controversias cristológicas comenzaron cuando todavía se debatía la cuestión arriana. El Concilio de Nicea había condenado el arrianismo, pero éste había logrado sobrevivir, y los mejores teólogos se esforzaban en refutarlo. Uno de estos teólogos era el obispo Apolinario de Laodicea, amigo de Atanasio y al parecer también de Basilio de Cesarea. Apolinario trató de refutar uno de los argumentos de los arrianos, quienes decían que si el Verbo era verdaderamente Dios eterno e inmutable no se explicaba cómo podía unirse a la humanidad en Jesucristo. Apolinario respondió que en Jesucristo el Verbo divino había tomado el lugar del alma racional.

Expliquemos esto. En esa época todos concordaban en que en todo ser humano había, además del cuerpo y del "alma animal" (es decir, el principio que le da vida al cuerpo), el "alma racional". Esta es la sede del intelecto y de la personalidad, la que piensa, recuerda y toma decisiones. Sobre esta base, Apolinario dice que, mientras Jesús tenía un cuerpo verdaderamente humano, movido por los impulsos que mueven a cualquier cuerpo humano (el "alma animal"), su mente era puramente divina. En él, el Verbo ocupaba el lugar que en los demás seres humanos tiene el alma racional.

Aunque esta explicación a primera vista parecía satisfactoria, pronto hubo quienes se percataron de sus peligros. Un cuerpo humano con una mente y personalidad puramente divinas no es verdaderamente un ser humano. Además, los teólogos antioqueños no veían cómo tal personaje podía ser el Salvador a quien ellos proclamaban. Desde el punto de vista alejandrino, esta posición era aceptable, pues el Jesús de Apolinario podía ser perfectamente bien un maestro divino que utilizaba su cuerpo humano para traer un mensaje al mundo. Pero desde el punto de vista antioqueño la situación era muy distinta. Si la salvación se basa en el hecho de que en Cristo Dios ha tomado nuestra humanidad, para así salvarnos, ¿cómo puede salvarnos un Jesús en quien Dios sólo ha tomado el cuerpo humano, y no el alma racional? ¿No es en el alma donde están los peores pecados humanos? ¿Es el cuerpo, o el alma, quien odia, codicia y desea el mal? Para salvar al ser humano en su totalidad, el Verbo ha de unirse a un ser humano completo. Esto lo expresó Gregorio de Nacianzo (el mismo acerca de quien tratamos en el volumen anterior) al decir:

Si alguien cree en él [Jesucristo] como ser humano sin razón humana, el tal sí carece de toda razón, y no es digno de la salvación. Porque él no ha salvado lo que no ha tomado. Lo que ha salvado es lo que también unió a su divinidad. Si sólo la mitad de Adán cayó, entonces es posible que lo que Cristo toma y salva sea sólo la mitad. Pero si toda su naturaleza cayó, es necesario que toda ella sea unida a la totalidad del Verbo a fin de ser salvada como un todo (*Epístola 101*).

La controversia duró algunos años, pero los argumentos de los antioqueños eran tan fuertes que a la postre Apolinario y sus seguidores tendrían que ser condenados. En Roma, el obispo Dámaso y otros obispos de Occidente condenaron las doctrinas de Apolinario, concordando con los antioqueños en que tal explicación destruiría la doctrina cristiana de la salvación. El cronista Epifanio nos cuenta de un sínodo reunido en el año 374, en el cual se adoptó un credo muy parecido al de Nicea, pero que al llegar a la referencia de la encarnación decía: "fue hecho hombre, es decir, hombre perfecto, con alma, cuerpo e intelecto, y todo lo que constituye un ser humano". Por fin, el Concilio de Constantinopla del año 381 (el mismo que puso fin a la controversia arriana) condenó el apolinarismo. La iglesia había decidido que la cristología alejandrina en su forma extrema no era aceptable.

Nestorio y el Concilio de Efeso

El próximo episodio de las controversias cristológicas tuvo lugar alrededor de la persona de Nestorio, quien finalmente fue condenado en el Tercer Concilio Ecuménico, que se reunió en Efeso en el 431.

Nestorio era un partidario de la escuela de Antioquía que había sido hecho patriarca de Constantinopla en el 428. Políticamente, su situación era difícil, pues el patriarcado de Constantinopla se había vuelto motivo de discordias entre los patriarcas de Alejandría y Antioquía. El Concilio de Constantinopla había declarado que esa ciudad tendría en el Oriente una precedencia semejante a la que gozaba la vieja Roma en el Occidente. Esto no era sino el reconocimiento de la realidad política, pues Constantinopla había venido a ser la capital del Imperio Oriental.

Pero los patriarcas de Alejandría no quedaron contentos ante semejante postergación, sobre todo por cuanto tradicionalmente Constantinopla había estado más cerca de Antioquía en sus posiciones teológicas, y muchos de los patriarcas de Constantinopla resultaban entonces aliados de los de Antioquía. Por tanto, cuando Nestorio ascendió al patriarcado de Constantinopla, era de esperarse que contaría con la oposición de los alejandrinos.

El motivo inmediato de la controversia fue el término *theotokos*, que se aplicaba a la Virgen María. *Theotokos*, que se traduce generalmente como "madre de Dios", literalmente quiere decir "paridora de Dios". Puesto que muchas veces a los protestantes nos parece que se trata aquí de uno de los temas que estamos acostumbrados a discutir con los católicos romanos, conviene que nos detengamos a aclarar lo que se debatía. La controversia no era de carácter mariológico, sino cristológico. Lo que estaba en juego no era quién era la Virgen María, o qué honores se le debían, sino quién era el que había nacido de María, y cómo debía hablarse de El. Los antioqueños temían que, si se llegaba a hablar de una unión demasiado estrecha entre la humanidad y la divinidad de Jesucristo, esta última llegaría a eclipsar la primera, de modo que se perdería el sentido de la verdadera y total humanidad del Salvador. Por tanto, Nestorio creía que había ciertas cosas que debían decirse de la humanidad de Jesucrito, y otras que debían decirse de su divinidad, y que tales cosas no debían confundirse. Por tanto, cuando su capellán Anastasio atacó el uso del término *theotokos*, diciendo que quien había nacido de María no era Dios, sino la humanidad de Jesús, Nestorio lo apoyó. Lo que Anastasio y Nestorio estaban atacando no era una idea demasiado elevada de la Virgen María, sino la confusión entre divinidad y humanidad que parecía seguirse del término *theotokos*.

Al explicar su oposición a este término, Nestorio decía que en Jesucristo Dios se ha unido a un ser humano. Puesto que Dios es una persona, y el ser humano es otra, en Cristo ha de haber, no sólo dos naturalezas, sino también dos personas. Fue la persona y naturaleza humana lo que nació de María, y no la divina. Por tanto, la Virgen es *Christotokos* (paridora de Cristo) y no *theotokos* (paridora de Dios). Entre estas dos personas, la unión que existe no es una confusión, sino una conjunción, un acuerdo o una "unión moral". Frente a tal doctrina, fueron muchos los que reaccionaron negativamente. Si en Jesucristo no hay más que un acuerdo o una conjunción entre Dios y el ser humano, ¿qué importancia tiene la encarnación para la salvación? Si no se puede decir que

Cirilo, que a la sazón ocupaba el patriarcado de Alejandría, era mucho más hábil que Nestorio.

Dios nació de María, ¿no se puede decir tampoco que Dios habitó entre nosotros? ¿No se puede decir que Dios habló en Jesucristo? ¿No se puede decir que Dios sufrió por nosotros? Llevada a sus conclusiones últimas, la cristología de Nestorio parecería negar los fundamentos mismos de la fe cristiana.

Como era de esperarse, el centro de la oposición a Nestorio fue Alejandría. Cirilo, que a la sazón ocupaba el patriarcado de esa ciudad, era mucho más hábil que Nestorio, tanto política como teológicamente. Tras asegurarse de que contaba con el apoyo del papa, para quien la doctrina de las dos personas en Cristo era anatema, Cirilo se lanzó al ataque. Tras una serie de cartas y de otras gestiones, la controversia llegó a tal punto que los emperadores Valentiniano III y Teodosio II decidieron convocar un concilio ecuménico, citando a los obispos a la ciudad de Efeso el 7 de junio del 431. El debate prometía ser acalorado, pues el papa y el patriarca de Alejandría se habían declarado en contra de Nestorio, mientras que el patriarca de Antioquía, Juan, lo defendía.

Venido el día en que el concilio debía reunirse, Cirilo había llegado, acompañado de un número de obispos egipcios, y de monjes decididos a defender a toda costa la doctrina alejandrina. Pero Juan de Antioquía no llegó a tiempo, y los legados del papa también estaban atrasados. Por fin, tras esperar hasta el día 22 de junio, Cirilo decidió comenzar las sesiones del concilio, a pesar de que el legado imperial y unos setenta y ocho obispos se oponían. El concilio trató rápidamente el caso de Nestorio y, sin darle oportunidad a defenderse, lo condenó como hereje y lo declaró depuesto.

Pocos días después llegaron Juan de Antioquía y los suyos, quienes al saber lo sucedido sencillamente se constituyeron en concilio aparte y condenaron a Cirilo, al tiempo que absolvían a Nestorio.

Cuando llegaron los legados papales, el concilio de Cirilo (que en todo caso contaba con la mayoría de los obispos presentes) se reunió de nuevo y condenó, no sólo a Nestorio, sino también a Juan y a todos los que habían tomado parte en su concilio.

Ante tales resultados, Teodosio II intervino en el debate y encarceló tanto a Cirilo como a Juan. A esto siguió una larga y complicada serie de negociaciones, hasta que por fin, en el año

433, Juan y Cirilo se pusieron de acuerdo en una "fórmula de unión". Mientras tanto, Nestorio fue depuesto y enviado a un monasterio en Antioquía. Más tarde fue trasladado a la remota ciudad de Petra, y por fin a un oasis en el desierto de Libia, donde pasó el resto de sus días.

Como resultado de esas negociaciones, el concilio de Cirilo fue declarado válido, y por tanto el título de *theotokos*, aplicado a María, vino a ser parte de la doctrina de la iglesia y señal de ortodoxia, tanto en el Oriente como en el Occidente.

Antes de pasar al próximo episodio en esta serie de controversias, debemos señalar que la mayoría de los reformadores protestantes del siglo XVI, al tiempo que se lamentaba del excesivo culto a María en la iglesia que trataban de reformar, aceptaba como válido este Tercer Concilio Ecuménico, y por tanto estaba dispuesta a llamar a María "madre de Dios". Esto lo hacían aquellos reformadores porque se percataban de que lo que se discutía en el siglo quinto no era el lugar de la devoción a María en la vida cristiana, sino la relación entre la humanidad y la divinidad de Jesucristo.

Eutiques y el Concilio de Calcedonia

El segundo episodio en la larga serie de controversias cristológicas había terminado en una gran victoria para Alejandría, pues el antioqueño Nestorio había sido condenado como hereje y enviado al exilio. Pero cuando en el año 444 Dióscoro sucedió a Cirilo en el patriarcado de Antioquía la querella estaba lista a explotar de nuevo. Dióscoro era un hombre ambicioso que quería asegurarse del triunfo definitivo y aplastante de Alejandría sobre sus rivales Antioquía y Constantinopla, y que casi logró su propósito.

Esta vez el conflicto tuvo lugar alrededor de la persona de Eutiques, un monje de fuertes convicciones alejandrinas que residía en Constantinopla. El nuevo patriarca de esa capital era Flaviano, ante quien Eutiques fue acusado de herejía por negarse a aceptar, y atacar abiertamente, ciertas frases de la fórmula de unión del año 433. En concreto, Eutiques negaba que Jesucristo existía en "dos naturalezas después de la encarnación", y que fuera, en virtud de su humanidad, "consubstancial a nosotros". Al parecer, Eutiques se atrevía a atacar abiertamente la fórmula de reunión porque contaba con el apoyo de Dióscoro y del gran chambelán Crisapio. Este último era quien de veras regía los destinos del Imperio, pues Teodosio II no se ocupaba ya de los asuntos del gobierno, y los había dejado en manos de su gran chambelán. Convencido de que quienes lo apoyaban eran poderosos, Eutiques se presentó arrogantemente ante el sínodo que había sido convocado por Flaviano para tratar acerca de las acusaciones que se hacían contra él. Lo que Eutiques no sabía era que de hecho Dióscoro quería que el sínodo lo condenase, para así tener una causa que defender contra Flaviano. Luego, mientras Eutiques creía que las autoridades imperiales estaban a su favor, éstas tenían instrucciones de asegurarse de que el sínodo lo condenase. Así fue, y entonces Dióscoro salió en defensa suya, diciendo que Flaviano había actuado injustamente.

Pronto el caso de Eutiques se volvió motivo de discordia en toda la iglesia. Tanto él como Flaviano le escribieron a León el Grande, que a la sazón era papa, el uno para apelar contra la decisión del sínodo que lo había condenado, y el otro para darle noticias acerca de ese sínodo y de las doctrinas de Eutiques. Al mismo tiempo, Dióscoro acusaba de herejía a todos los que salían en defensa de Flaviano. Al parecer, hubo oro alejandrino que pasó de las manos de Dióscoro a las de Crisapio. En todo caso, el Emperador convocó por fin un nuevo concilio, que debería reunirse en Efeso en el 449.

Desde sus mismos inicios, se pudo ver que el concilio estaba en manos de Dióscoro. Dos días antes de comenzar las sesiones, el Emperador, a instancias de Crisapio, nombró a Dióscoro presidente de las mismas, y le dio autoridad de hacer callar a quienquiera osase hablar en contra de la fe de la iglesia. El resultado fue lo que el papa León llamó, con toda razón, un "latrocinio". Dióscoro no permitió hablar a ninguno de los que se oponían a las doctrinas de Eutiques. Cuando los legados de León trataron de leer una carta que el Papa había escrito dando a conocer su apoyo a la condenación de Eutiques, Dióscoro no se lo permitió. Flaviano trató de defenderse, y los partidarios de Dióscoro lo golpearon y pisotearon con tal violencia que a los pocos días murió. La doctrina según la cual había en Cristo "dos naturalezas" fue condenada, y todos los principales exponentes de la teología antioqueña fueron declarados herejes, y depuestos. Por último, para asegurarse de que su victoria sería definitiva, Dióscoro y los suyos decretaron que en lo sucesivo no se ordenaría a quienes sostuvieran las herejías de Nestorio y Flaviano (que para Dióscoro eran la misma cosa).

Al conocer los decretos del concilio de Efeso, el papa León se negó a aceptarlos. Según él, el supuesto concilio no era sino un "conciliábulo de ladrones". Pero todas sus gestiones eran en vano. Teodosio II y Crisapio daban por terminada la cuestión, y estaban perfectamente contentos con el resultado del concilio.

En esto estaban las cosas cuando ocurrió lo inesperado. El Emperador, quien era un excelente jinete, tuvo un accidente ecuestre y murió. Lo sucedió su hermana Pulqueria, quien contrajo matrimonio con el militar Marciano, y gobernó con él. Pulqueria era una mujer fuerte que había dado tales muestras de habilidad en el manejo de los asuntos imperiales que había quienes estaban convencidos de que podría gobernar con firmeza y justicia. Poco antes de morir, Teodosio la había expulsado de la corte, probablemente porque se oponía a los manejos de Crisapio. Durante el período inmediatamente después del "latrocinio" de Efeso, ella fue uno de los principales defensores de la posición de León. Ahora que le tocó gobernar, se dedicó, junto a su esposo, a deshacer lo que Teodosio, Crisapio y Dióscoro habían hecho. Los obispos depuestos fueron instalados de nuevo en sus diócesis, y los restos de Flaviano fueron colocados en la Basílica de los Apóstoles en medio de una gran ceremonia. Muchos de los obispos que antes habían seguido las directrices de Dióscoro vieron que ahora soplaban vientos nuevos, y cambiaron de posición teológica.

Por fin Pulqueria y Marciano convocaron a un gran concilio que debería reunirse en Nicea en el 451, pero que por una serie de circunstancias se reunió en Calcedonia. Este es el concilio que generalmente recibe el título de Cuarto Concilio Ecuménico. A él acudieron 520 obispos, un número mayor que a cualquiera de los concilios anteriores.

El nuevo concilio pronto condenó a Eutiques y a Dióscoro, al tiempo que perdonó a todos los demás participantes en el "latrocinio" de Efeso. La carta que León le había escrito a Flaviano, y que Dióscoro había prohibido que se leyese en Efeso, fue leída, y muchos de los presentes declararon que en esa carta se exponía su propia fe. Lo que León decía en ella era esencialmente lo mismo que había dicho Tertuliano siglos antes: en Cristo hay dos naturalezas, la humana y la divina, unidas en una sola persona. A partir de entonces, la carta de León, o *Epístola dogmática*, ha gozado de gran autoridad en casi toda la iglesia cristiana, donde se le ha tenido por exponente fiel de la cristología ortodoxa.

Por fin, tras varios obstáculos de carácter legal, los obispos reunidos en Calcedonia redactaron la *Definición de fe*, que es posiblemente el punto culminante en toda esta serie de acontecimientos, y que es aceptada hasta el día de hoy por la mayoría de las iglesias. Esta *Definición*, que a primera vista parece excesivamente complicada y hasta contradictoria, sólo se entiende si la leemos a la luz de la historia que hemos venido narrando, pues en ella aparece toda una serie de frases cuyo propósito es reafirmar la condenación de las diversas herejías que habían sido rechazadas hasta ese momento. Dice así:

Siguiendo pues a los santos Padres, enseñamos todos a una voz que ha de confesarse uno y el mismo Hijo, nuestro Señor Jesucristo, el cual es perfecto en divinidad y perfecto en humanidad; verdadero Dios y verdadero hombre, de alma racional y cuerpo; consubstancial al Padre según la divinidad, y asimismo consubstancial a nosotros según la humanidad; semejante a nosotros en todo, pero sin pecado; engendrado del Padre antes de los siglos según la divinidad, y en los últimos días, y por nosotros y nuestra salvación, de la Virgen María, la Madre de Dios [*theotokos*], según la humanidad; uno y el mismo Cristo Hijo y Señor Unigénito, en dos naturalezas, sin confusión, sin mutación, sin división, sin separación, y sin que desaparezca la diferencia de las naturalezas por razón de la unión, sino salvando las propiedades de cada naturaleza, y uniéndolas en una persona e hipóstasis; no dividido o partido en dos personas, sino uno y el mismo Hijo Unigénito, Dios Verbo y Señor Jesucristo, según fue dicho acerca de él por los profetas de antaño y nos enseñó el propio Jesucristo, y nos lo ha transmitido el Credo de los Padres.

La lectura de esta *Definición* muestra claramente que su propósito no es resolver la cuestión de cómo se unen en Jesucristo la divinidad y la humanidad, sino más bien evitar que se vuelva a caer en algunos de los errores en que otros han caído. Por tanto, el término "definición" le viene perfectamente bien. No se trata de una explicación del misterio de la encarnación, sino más bien de una definición, es decir, de una serie de límites que se establecen, pero dentro de los cuales puede haber diversas posiciones ortodoxas. Es así como casi toda la iglesia cristiana la ha aceptado y utilizado a través de los siglos.

Por otra parte, cabría preguntarse si esta *Definición* no dista mucho del tono sencillo de los Evangelios. A tal pregunta, la respuesta ha de ser afirmativa, aunque al mismo tiempo hemos de añadir que esto no fue culpa de los obispos reunidos en Calcedonia, sino que fue más bien el resultado del modo en que se había planteado el problema cristológico. Según hemos dicho anteriormente, desde fecha relativamente temprana la iglesia comenzó a hacer uso de lo que los filósofos habían dicho acerca del Ser Supremo para entender la doctrina de Dios. El problema está en que esa idea filosófica del Ser Supremo consiste precisamente en la negación de todo lo que es humano. Así se llegó a concebir la divinidad como algo radicalmente opuesto a la humanidad. Pero, puesto que la principal doctrina cristiana era precisamente que Dios se hizo hombre en Jesucristo, esto llevó a los teólogos a preguntarse cómo podían unirse la divinidad y la humanidad, ambas concebidas en términos de mutua oposición. Quizá si la iglesia hubiera seguido, no la doctrina de los filósofos, sino el modo de ver a Dios en que lo hacían personajes tales como Ireneo, el curso de su desarrollo cristológico habría sido otro. Pero en todo caso, dadas las circunstancias, hemos de decir que la *Definición* de Calcedonia era el mejor modo posible de afirmar el mensaje cristiano de la presencia de Dios en Cristo.

Tras el Concilio de Calcedonia, hubo muchos que no quedaron satisfechos con sus resultados. A estas personas se les dio el nombre de "monofisitas", derivado de dos raíces griegas que quieren decir "una sola naturaleza". Este nombre se les dio porque se negaban a aceptar la doctrina de las dos naturalezas en Cristo.

Puesto que los concilios supuestamente "ecuménicos" de hecho no representaban el sentir de las iglesias que existían fuera de las fronteras del Imperio, pronto hubo algunas de estas iglesias que se negaron a aceptar el Concilio de Calcedonia, y

Algunos monjes participaron activamente en las controversias teológicas. Uno de los más famosos es Simeón el Estilita, que desde lo alto de su columna defendía la doctrina ortodoxa ante sus millares de visitantes.

que por tanto recibieron el nombre de "monofisitas". Otras, que se negaron a aceptar el Tercer Concilio Ecuménico (Efeso, 431), fueron llamadas "nestorianas". Acerca de estas iglesias trataremos en el próximo capítulo, que estará dedicado por entero al cristianismo fuera de las fronteras del Imperio.

Los Tres Capítulos y el Segundo Concilio de Constantinopla

La *Definición* de Calcedonia no puso término a los debates acerca de la persona de Jesucristo. Esto se debió en parte a que hubo muchos, aun dentro de los confines del Imperio, que no la aceptaron. En Egipto, Dióscoro pronto fue tenido por mártir, y su doctrina por la única ortodoxa. También en Siria, el monofisismo se hizo cada vez más popular. Los historiadores debaten todavía las razones por las que el Concilio de Calcedonia no logró el apoyo de estas regiones, pero parece probable que al menos una de las razones fue que muchas personas, tanto en Siria como en Egipto, se consideraban ajenas a los intereses del Imperio, y que su oposición a las políticas oficiales tomó forma de oposición a la teología oficial del gobierno de Constantinopla.

En todo caso, los emperadores pronto se vieron en la necesidad de atraerse de nuevo a estas gentes que no veían con buenos ojos las decisiones del Concilio de Calcedonia. Egipto y Siria incluían algunas de las provincias más ricas del Imperio, y era necesario calmar la inquietud religiosa que bullía allí. Por estas razones, fueron varios los emperadores que trataron de ganarse el apoyo de los monofisitas. Repetidamente, esta política resultó ser desastrosa, pues los descontentos de Siria y Egipto lo eran por causas sociales, políticas y económicas, y su lealtad no podía lograrse mediante fórmulas teológicas, en tanto no se subsanasen las causas del desasosiego. Al mismo tiempo, la política imperial enajenó a muchos súbditos leales, la mayoría de los cuales aceptaba y defendía las decisiones de Calcedonia.

El primer emperador en tratar de intervenir directamente en el debate fue Basilisco, quien había destronado a su predecesor Zenón. En el 476, es decir, veinticinco años después del Concilio de Calcedonia, Basilisco publicó un edicto en el que se convocaba a un nuevo concilio, y se anulaban las decisiones de

Calcedonia. El concilio convocado por Basilisco nunca tuvo lugar, pues poco después de su edicto Zenón recobró el trono.

El propio Zenón intentó ganarse la buena voluntad de los monofisitas más moderados al publicar en el 482 un "edicto de unión", el *Henoticón*. Para esto contaba con el apoyo del patriarca Acacio de Constantinopla, quien se había ganado el respeto de los defensores de Calcedonia al oponerse al edicto de Basilisco. La solución de Zenón consistía en llamar a todos los cristianos a la antigua fe en que todos concordaban, según ésta había sido proclamada en los primeros dos concilios ecuménicos.

Empero el edicto de Zenón, en lugar de promover la unidad de la iglesia, la dividió aun más. Entre los opositores de Calcedonia, que como hemos dicho recibían en conjunto el nombre "monofisitas", había algunos que de veras insistían en la naturaleza única del Salvador al decir que, en virtud de la encarnación, la humanidad de Cristo quedaba absorbida por la divinidad, de tal modo que era erróneo referirse a la humanidad de Cristo como tal. Pero había otros cuya fe se acercaba mucho a la de Calcedonia, y que se oponían a las decisiones de ese concilio porque, a su entender, dejaban la puerta abierta para las doctrinas de Nestorio. El edicto de Zenón, que rechazaba claramente el nestorianismo, fue del agrado de estos últimos, quienes lo aceptaron, mientras que los verdaderos monofisitas, que no podían darse por satisfechos mientras no se condenara la doctrina de las "dos naturalezas", lo rechazaron. Luego, el edicto de Zenón dividió a los monofisitas entre sí.

Pero mucho más serio fue el cisma que este edicto ocasionó en la iglesia de Occidente. El papa Félix III se opuso al edicto imperial por dos razones. En primer lugar, en él no se mencionaba la doctrina de las dos naturalezas de Cristo, que desde tiempos antiguos había sido la enseñanza de la iglesia occidental, y que constituía el meollo de la *Epístola dogmática* de León. En segundo lugar, el Papa insistía en que el Emperador no tenía autoridad para juzgar en materia de doctrina. El resultado fue que Félix excomulgó al patriarca Acacio, con quien había chocado por otros motivos. Este es el llamado "cisma de Acacio", que mantuvo a las iglesias de Oriente y Occidente separadas hasta el año 519, cuando el emperador Justino y el

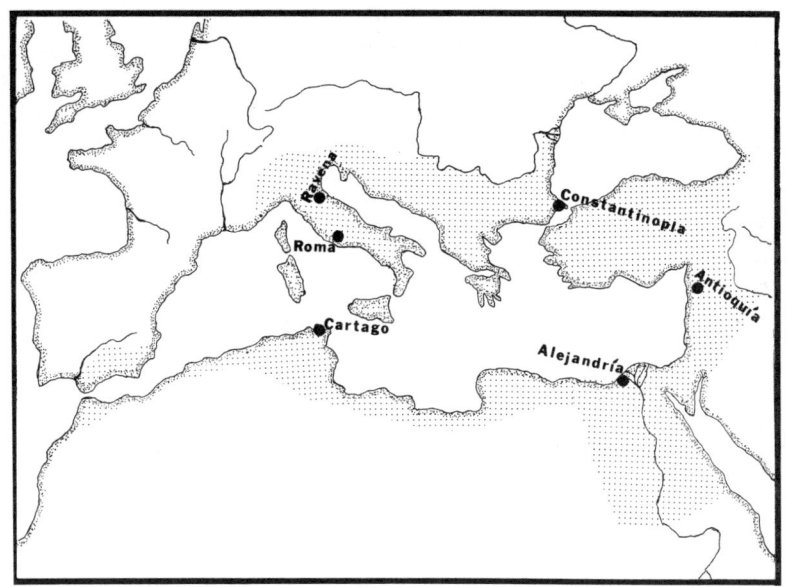

El imperio de Justiniano

papa Hormisdas llegaron a un acuerdo en el que se confirmó la autoridad del Concilio de Calcedonia y de la *Epístola dogmática* de León. Además, todos los obispos que habían sido depuestos por negarse a aceptar el edicto de Zenón fueron restaurados. A la muerte de Justino en el 527, su sobrino Justiniano lo sucedió. Justiniano resultó ser uno de los más hábiles emperadores bizantinos de toda la Edad Media. Su gran sueño era restaurar el Imperio Romano a su perdida unidad y grandeza. Durante su reinado, los generales Belisario, Narsés y otros emprendieron campañas que le devolvieron al Imperio Romano las costas de Africa y España, así como los territorios que los godos habían ocupado en Italia. Una vez más, el Mediterráneo se volvió un lago romano (aunque los gobernantes que se daban el título de "romanos" vivían en Constantinopla, y la mayoría de ellos hablaba el griego más bien que el latín).

Como parte de su plan de restaurar la perdida gloria del viejo Imperio, Justiniano hizo reconstruir la catedral de Santa Sofía, construida por Constantino, que había quedado en ruinas. Pero su deseo no era sencillamente volver a levantar el mismo edificio, sino crear un templo sin igual en todo el mundo. Se dice que, cuando por fin vio la obra terminada, Justiniano dijo: "Salomón, te he superado".

De igual modo, Justiniano decidió que era necesario codificar el complejo sistema legal que el Imperio había desarrollado a través de los siglos. Esta tarea quedó en manos de Triboniano, uno de sus más capaces servidores, y en unos pocos años Justiniano había logrado producir lo que los historiadores de la jurisprudencia consideran un monumento de proporciones semejantes a las de la catedral de Santa Sofía en la historia de la arquitectura.

Pero todos los sueños de Justiniano no podrían verse realizados sin lograr la unión de una iglesia dividida por la cuestión cristológica. En Egipto y Siria había gran número de personas que se consideraban desleales al Emperador y a todo el gobierno de Constantinopla, a quienes acusaban de herejía. El propio Justiniano creía que el Concilio de Calcedonia había hablado correctamente acerca de las dos naturalezas de Cristo. Pero al mismo tiempo se percataba de que los monofisitas más mode-

"Salomón, te he superado", dijo Justiniano al ver terminada la catedral de Santa Sofía. Los minaretes fueron añadidos posteriormente por los turcos.

Justiniano y su corte, según un mosaico de la época

rados tenían razón al señalar los peligros que esa doctrina podía acarrear. La esposa de Justiniano, Teodora, sentía simpatías hacia el monofisismo moderado. Y Teodora era una persona de

Teodora y su corte

gran poder en la corte bizantina. Su origen era en extremo humilde, y antes de conocer a Justiniano había sido actriz y, según sus enemigos, prostituta. Pero cuando se casó con Justiniano demostró ser una gran emperatriz, que en momentos difíciles, cuando las turbas se rebelaron en Constantinopla, salvó el trono para su esposo.

Justiniano estaba convencido de que las diferencias entre los calcedonenses y los monofisitas más moderados eran mayormente verbales, y que mediante una serie de conversaciones esas diferencias podían ser superadas. En el siglo XX, muchos historiadores concuerdan con el juicio de Justiniano acerca del carácter verbal de la controversia, aunque al mismo tiempo señalan que había otras cuestiones políticas, étnicas, culturales y económicas que dificultaban todo acercamiento, y de las que el Emperador no parece haberse percatado. En todo caso, Justiniano comenzó a tratar a los monofisitas con más moderación que su tío y predecesor Justino. Muchos de los obispos que habían sido exiliados fueron invitados a regresar a sus sedes. Otros recibieron invitaciones para visitar al Emperador y la Emperatriz en palacio, donde fueron recibidos cortés y amistosamente.

En el 532, a instancias del Emperador, se reunió en Constantinopla un grupo de teólogos de ambas partes. Justiniano tenía grandes esperanzas acerca del resultado de esta conferencia. Leoncio de Bizancio, el más distinguido teólogo calcedonense de la época, estaba presente. En la conferencia, uno de los seis obispos monofisitas presentes declaró que había quedado convencido, y que estaba dispuesto a aceptar la fórmula de Calcedonia. El propio Justiniano, quien presidió algunas de las sesiones, parece haber quedado convencido de que sería relativamente fácil lograr un acercamiento entre los calcedonenses y la mayoría de los monofisitas. Al año siguiente el propio Emperador publicó su confesión de fe, en la que, sin hacer uso de la frase "en dos naturalezas", se mostraba ortodoxo. Su propósito era atraer a los monofisitas moderados.

Pero de aquella conferencia que despertó tantas esperanzas en el Emperador surgiría una nueva controversia que una vez más dividiría a la iglesia. Se trata de la controversia llamada "de los Tres Capítulos". En el curso de la conferencia de Constantinopla, y a través de sus muchas conversaciones con los jefes monofisitas, Justiniano se percató de que éstos no se oponían tanto al Concilio de Calcedonia como a las enseñanzas de algunos de los teólogos antioqueños que parecían formar el trasfondo de ese Concilio. Estos teólogos eran principalmente tres: Teodoro de Mopsuestia, Teodoreto de Ciro e Ibas de Edesa. Todos ellos habían muerto largo tiempo antes, y sus enseñanzas no eran doctrina oficial de la iglesia. Pero el Concilio de Calcedonia parecía haber tomado de ellos algunas de las principales frases de la *Definición de fe*. Lo que preocupaba a los monofisitas, aun a los más moderados, era que en las obras de estos tres teólogos se encontraban aseveraciones que se acercaban demasiado al nestorianismo. Todos ellos eran teólogos antioqueños, y por tanto tendían a subrayar la humanidad del Salvador, y a distinguir entre ella y la divinidad, de un modo que les parecía peligroso a los monofisitas.

Esta situación le dictó al Emperador el curso a seguir. ¿Por qué no condenar las obras de estos tres teólogos, para así garantizarles a los monofisitas moderados que el Concilio de Calcedonia, con su afirmación de las "dos naturalezas", no se interpretaría en sentido nestoriano? Esto fue precisamente lo que hizo Justiniano, mediante dos edictos promulgados en el 544 y el 551. A partir de entonces, la obra (y a veces las personas) de los tres teólogos condenados recibió el nombre de "los Tres Capítulos". Los principales obispos orientales aceptaron estos edictos, aunque al parecer varios de ellos lo hicieron bajo presión imperial.

En el Occidente la reacción fue muy distinta, pues varios de los principales obispos temían que la condenación de los Tres Capítulos era un paso inicial hacia la condenación del Concilio de Calcedonia. Pero el papa Vigilio era criatura de la Emperatriz, y por tanto carecía de fuerza moral para oponerse a los edictos imperiales. Cuando el Emperador se percató de que su primer edicto no era bien recibido en el Occidente, hizo llevar a Vigilio a Constantinopla, donde a la postre el Papa cedió a la presión imperial. La capitulación del Papa, empero, tuvo resultados contraproducentes. La reacción de los obispos occidentales fue tan fuerte y firme, que varios de los obispos orientales que antes habían apoyado al Emperador ahora cambiaron de política. En vista del revuelo causado, el propio Papa cambió de opinión, y retiró su condenación de los Tres Capítulos. Fue entonces cuando Justiniano promulgó su segundo edicto (año 551), en el que reiteraba la condenación de los Tres Capítulos. Todo esto produjo tal revuelo que por fin el Emperador decidió convocar a un concilio general. Esta asamblea, que recibe el título de Quinto Concilio Ecuménico, se reunió en Constantinopla en el 553. Mientras tanto, el Papa se encontraba también en la ciudad, pues Justiniano no le había permitido regresar a Roma. Al concilio, Vigilio le envió una comunicación en la que, al tiempo que condenaba algunas frases que se encontraban en los Tres Capítulos, se negaba a condenar a los autores en cuestión. Pero a pesar de ello la asamblea, que representaba los intereses del Emperador, condenó los Tres Capítulos. Ante tal decisión, Vigilio insistió en su posición por algunos meses, pero a la postre capituló, accediendo a los deseos de Justiniano. Aunque esa actitud vacilante por parte del Papa produjo varios cismas en Occidente, a la postre toda la iglesia occidental aceptó el Concilio de Constantinopla del año 553 como el Quinto Concilio Ecuménico.

El monotelismo y el Tercer Concilio de Constantinopla

El último intento por parte del gobierno bizantino de atraerse a los monofisitas tuvo lugar en época del emperador Heraclio, a principios del siglo VII. El patriarca Sergio de Constantinopla, tras varios ensayos fallidos de fórmulas de acercamiento con los monofisitas, propuso la doctrina que se ha dado en llamar "monotelismo". Esta palabra viene de las raíces griegas *mono*, que quiere decir "uno", y *thelema*, que quiere decir "voluntad". Luego, lo que Sergio proponía era que en Cristo, al mismo tiempo que había dos naturalezas, la divina y la humana, según lo había declarado el Concilio de Calcedonia, había una sola voluntad. Más allá de esto, la doctrina de Sergio no está clara, pues sus posiciones y las de sus seguidores variaron tanto, y fueron hasta tal punto confusas, que al monotelismo se le ha dado el nombre de "la herejía camaleón". Al parecer, lo que Sergio quería decir era que en Cristo no había otra voluntad que la divina. Cuando se le preguntó al papa Honorio qué pensaba él acerca de la fórmula de Sergio, el Papa la aprobó. Pero pronto surgió oposición en varias partes del Imperio. El teólogo que más se distinguió en este sentido fue Máximo de Crisópolis, a quien se conoce como "Máximo el Confesor". A la postre, en el año 648, la oposición al monotelismo llegó a tal grado que el emperador Constante II prohibió toda discusión acerca de si había en Cristo una o dos voluntades.

Cuando el Emperador promulgó esta prohibición, el Imperio había perdido su interés en atraerse a los monofisitas. En efecto, Siria y Egipto, las regiones donde el monofisismo tenía mayor arraigo dentro del Imperio, habían sido conquistadas poco antes por los árabes. Esto quería decir que a partir de entonces la corte de Constantinopla, en lugar de preocuparse por lograr la buena voluntad de los monofisitas de Egipto y Siria, tenía que mejorar sus relaciones con los cristianos calcedonenses que constituían la mayoría, tanto en los territorios que todavía pertenecían al Imperio, como en el Occidente.

En consecuencia, el Sexto Concilio Ecuménico, reunido en Constantinopla en el 680 y el 681, condenó el monotelismo y reafirmó la *Definición de fe* de Calcedonia. Entre los monotelitas condenados específicamente por el concilio se contaba el papa Honorio. Este caso de un papa condenado por nombre como hereje por un concilio ecuménico fue una de las dificultades a que tuvieron que enfrentarse los católicos que en el siglo XIX lograron que el Primer Concilio Vaticano promulgara la infalibilidad papal.

La cuestión de las imágenes y el Segundo Concilio de Nicea

La última gran controversia que sacudió a la iglesia durante el período que estamos estudiando (es decir, los años anteriores al 800) fue la que se produjo alrededor de la cuestión de si debían o no utilizarse imágenes en el culto público. En la antigua iglesia cristiana, no parece haber habido oposición alguna a la decoración de las iglesias mediante imágenes, por lo general alusivas a algún episodio bíblico. Tales imágenes se encuentran tanto en las catacumbas romanas como en la iglesia de Dura-Europos, la más antigua que se conserva. Sin embargo, según fue habiendo mayor número de conversos al cristianismo procedentes del paganismo, hubo pastores que comenzaron a temer que el uso de imágenes en las iglesias podría llevar a algunos a la idolatría. Por tanto, algún tiempo después de la conversión de Constantino, empiezan a encontrarse en los sermones cristianos amonestaciones contra el uso indebido de las imágenes. Al mismo tiempo, sin embargo, se insistía en el valor de tales imágenes como "el libro de los incultos". En una época en que eran pocos los que sabían leer, y menos los que poseían libros, las imágenes servían para comunicarles a los fieles algunos de los episodios bíblicos más importantes.

La controversia estalló cuando el emperador León III (que no ha de confundirse con el papa del mismo nombre) mandó derribar una estatua de Cristo que era muy venerada en Constantinopla. A partir de entonces, y a través de toda una serie de decretos imperiales, la campaña contra las imágenes tomó cada vez mayor impulso. En el año 754, el hijo de León, Constantino V, convocó un concilio que prohibió el uso de imágenes en el culto, y condenó a los que habían salido en defensa de ellas, especialmente al patriarca Germán de Constantinopla y al famoso teólogo Juan de Damasco. Así surgieron dos partidos, que recibieron los nombres de "iconoclastas" (destructores de imágenes) e "iconodulos" (adoradores de imágenes).

Los argumentos de los iconoclastas se basaban en los pasajes bíblicos que prohíben la idolatría, particularmente Exodo 20:4, 5. Pero aparte de esto los historiadores no concuerdan acerca de las razones que llevaron a los emperadores a desatar su campaña iconoclasta. No cabe duda que León III era un hombre de fe sincera. Pero además es muy posible que sus decretos se hayan debido a un deseo de desmentir a los musulmanes, que acusaban a los cristianos de idolatría.

Frente a esta posición, los defensores de las imágenes trataban de relacionar lo que ahora se discutía con las controversias cristológicas que habían tenido lugar en los siglos anteriores. La razón por la cual es posible representar los misterios divinos mediante imágenes es que, en Cristo, Dios mismo nos ha dado su imagen. Negarse a representar a Cristo equivaldría a negar su humanidad. Si Cristo fue hombre, ha de ser posible representarlo, como se puede representar a cualquier otro hombre. Además, el primer creador de las imágenes fue Dios mismo, al crear a la humanidad a su imagen. Estos argumentos se encuentran claramente expuestos en las siguientes líneas de Juan de Damasco:

Puesto que algunos nos culpan por reverenciar y honrar imágenes del Salvador y de Nuestra Señora, y las reliquias e imágenes de los santos y siervos de Cristo, recuerden que desde el principio Dios hizo al ser humano a su imagen. ¿Por qué nos reverenciamos unos a otros, si no es porque somos hechos a imagen de Dios? [...] Por otra parte, ¿quién puede hacer una copia del Dios que es invisible, incorpóreo, incircunscribible y carente de figura? Darle figura a Dios sería el máximo de la locura y la impiedad. [...] Pero puesto que Dios, por sus entrañas de misericordia y para nuestra salvación, se hizo verdaderamente hombre [...] vivió entre los humanos, hizo milagros, sufrió la pasión y la cruz, resucitó y fue elevado al cielo, y puesto que todas estas cosas sucedieron y fueron vistas por los humanos [...] los Padres, viendo que no todos saben leer ni tienen tiempo para hacerlo, aprobaron la descripción de estos hechos mediante imágenes, para que sirvieran a manera de breves comentarios.

La controversia continuó durante varios años. Aunque teóricamente los edictos imperiales eran válidos en todo el antiguo Imperio Romano, de hecho el Occidente nunca los aplicó, mientras que en el Oriente la iglesia se dividió. Por fin, cuando la regencia cayó sobre los hombros de la emperatriz Irene, ésta cambió la política imperial con respecto a las imágenes, y entre ella, el patriarca Tarasio de Constantinopla y el papa Adriano convocaron a un concilio. Esta asamblea tuvo lugar en Nicea en el año 787, y recibe el nombre de Séptimo Concilio Ecuménico.

Este concilio restauró el uso de las imágenes en las iglesias, al mismo tiempo que estableció que no eran dignas de la adoración debida sólo a Dios (en griego, *latría*), sino de una adoración o veneración inferior (en griego, *dulía*).

Aunque en el siglo IX los iconoclastas volvieron al poder por algún tiempo, en el año 842 las imágenes fueron finalmente restauradas, y hasta el día de hoy todas las iglesias de origen bizantino celebran esa ocasión en la "Fiesta de la Ortodoxia".

En el Occidente, aunque no hubo un movimiento iconoclasta, los reyes carolingios se negaron a aceptar las decisiones del Séptimo Concilio Ecuménico, no porque se opusieran a las imágenes, sino porque en latín sólo había un término para traducir las dos palabras griegas "latría" y "dulía", y por tanto los francos temían que lo que el concilio había dicho era que las imágenes debían ser adoradas. Pero a la postre esta dificultad quedó aclarada, y la mayor parte de la cristiandad aceptó la autoridad del Concilio de Nicea del año 787.

Los primeros siete concilios ecuménicos discutieron cuestiones harto complejas y a menudo confusas. Pero a pesar de ello su importancia en el desarrollo de la teología cristiana ha sido inmensa. A través de toda la Edad Media, casi todos los cristianos, tanto orientales como occidentales, aceptaron su autoridad, y por tanto trataron de forjar su pensamiento dentro de los límites trazados por ellos. Sólo los cristianos que vivían fuera de las fronteras del antiguo Imperio Romano, a quienes dedicaremos el próximo capítulo, rechazaron la autoridad de algunos de estos concilios. En la época de la Reforma, la mayoría de los reformadores aceptó al menos los primeros cuatro, y por tanto son muchos los protestantes que todavía admiten su autoridad. Algunas iglesias surgidas de la Reforma aceptan los primeros siete concilios ecuménicos. Después de estos siete, la mayoría de los concilios supuestamente "ecuménicos" no tuvo representación de las iglesias orientales, que por tanto no los aprueban.

V.
Las iglesias disidentes

> *De esta fe nadie nos podrá apartar. [...] Haz lo que quieras. Si decides permitirnos el libre ejercicio de nuestra fe, nosotros no te dejaremos por ningún otro señor terreno; pero tampoco aceptaremos otro Señor celestial sino a Jesucristo, quien es el único Dios.*
>
> Los obispos de Armenia
> al rey de Persia

En los capítulos anteriores hemos seguido el curso de las diversas controversias teológicas como si cada una de estas hubiera terminado con la decisión de un gran concilio ecuménico. Hasta cierto punto, esto es así dentro de los confines del Imperio Romano. Pero desde fecha muy antigua el cristianismo había cruzado esos confines, y se había extendido hasta regiones relativamente remotas, donde no llegaba la autoridad imperial, y donde por tanto surgieron iglesias que pronto comenzaron a diferir del resto del cristianismo.

Uno de estos casos, acerca del cual tratamos en el volumen anterior y en el primer capítulo del presente, fue el de la conversión de los godos y demás bárbaros allende las fronteras del Imperio. Puesto que esa conversión comenzó cuando el arrianismo estaba en su apogeo, los godos y sus vecinos se hicieron arrianos. Más tarde, según hemos visto, esos pueblos invadieron el Imperio de Occidente, y así el arrianismo apareció en lugares donde nunca había tenido seguidores. En este caso, la fe divergente de los bárbaros no perduró, sino que fue desapareciendo según los invasores se fueron amoldando a las costumbres y la fe de los conquistados.

Pero hubo otros casos en los que quienes no aceptaron la autoridad de uno u otro concilio lograron subsistir a través de los siglos, y por ello en el día de hoy hay todavía iglesias que proceden de tales orígenes. Según hayan rechazado el Concilio de Efeso o el de Calcedonia, tales iglesias reciben el nombre de "nestorianas" o "monofisitas", aunque ellas mismas no se dan tales títulos, que son despectivos dados por el resto de los cristianos. Hecha esta salvedad, y por motivos de brevedad más que de exactitud, utilizaremos esos dos nombres para referirnos a tales iglesias.

El nestorianismo en Persia

A partir de Palestina, el cristianismo se extendió, no sólo hacia el oeste, sino también hacia el este. En la primera dirección se encontraba el Imperio Romano, del cual la Tierra Santa era parte, y en el cual el cristianismo logró algunos de sus mayores triunfos. Por esto la mayor parte de nuestra historia hasta este punto se ha ocupado del curso de la fe cristiana dentro de los confines del viejo Imperio Romano.

Pero, como hemos dicho, el cristianismo se extendió también hacia el este, en dirección al Imperio Persa y por todo él. El

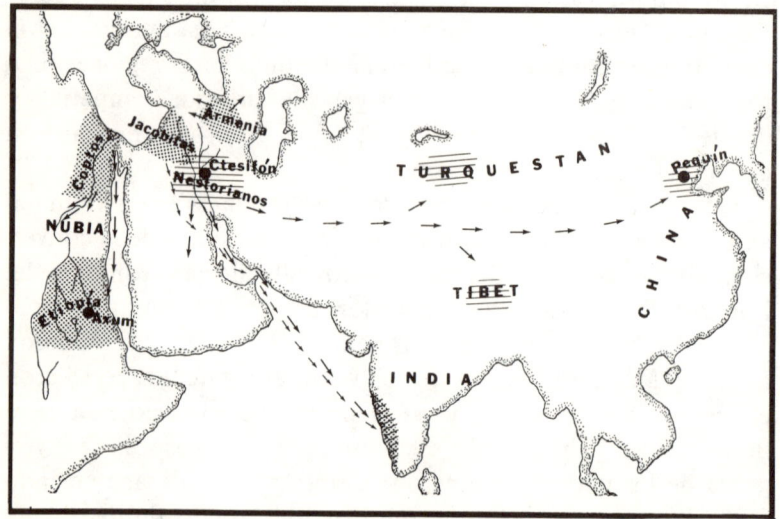

Las iglesias disidentes

hecho de que a la postre ese imperio no se hizo cristiano es la principal razón por la que no se han conservado datos acerca del curso de la fe cristiana en él. Pero si tales datos se conservaran, no cabe duda de que tendríamos allí tantas historias inspiradoras como las que nos han legado los mártires que ofrendaron sus vidas dentro del Imperio Romano.

En esta expansión hacia el este, el cristianismo utilizó, no el griego o el latín, sino el siríaco. Esta era la lengua que utilizaban los viajeros y comerciantes que iban desde Siria hasta los lugares más apartados del Imperio Persa. Primero en Antioquía, y después en Edesa, se fue produciendo todo un cuerpo de literatura cristiana en siríaco, y ese cuerpo fue utilizado para la propagación de la fe dentro de los territorios persas.

Edesa, que era una ciudad independiente, parece haber sido el primer estado en hacerse cristiano. Ya antes de Constantino, el rey de Edesa se había convertido, y poco después surgió una leyenda según la cual el rey Abgar IV había sostenido correspondencia con Jesucristo. La supuesta carta de Jesús a Abgar era utilizada por muchos como amuleto, y casi toda la población parece haber sido cristiana a mediados del siglo IV. Desde allí la nueva fe se extendió hacia Persia, donde encontró numerosos adherentes, sobre todo entre los habitantes de lengua siríaca. De este modo, el nombre de Cristo llegó a ser venerado en regiones tan remotas como el Turquestán.

Todo esto se logró no sin sangre y sacrificios. La dinastía de los Sasánidas, que a la sazón gobernaba en Persia, persiguió encarnizadamente al cristianismo, sobre todo después que el Imperio Romano se hizo cristiano y las autoridades persas empezaron a temer que los cristianos fuesen en realidad agentes, o al menos simpatizadores, de los romanos.

Por esta razón, los cristianos persas hicieron todo lo posible por mostrarles a las autoridades que no eran parte de una gran organización que tenía su centro en Constantinopla. En el año 410 se constituyeron en iglesia autónoma, dándole al obispo de Ctesifón el título de patriarca. De igual modo, cuando el Concilio de Efeso condenó a Nestorio en el año 431, muchos de los cristianos persas parecen haber acogido con cierto alivio el hecho de que, desde su punto de vista, la iglesia dentro del Imperio Romano se había vuelto herética.

Dados sus orígenes, la iglesia persa siempre había tenido contactos estrechos con Antioquía, y por tanto su cristología era del tipo antioqueño. Además, tras la condenación de Nestorio, varios teólogos antioqueños se refugiaron en territorio persa. Algunos de ellos fueron a la ciudad de Nisibis, donde se dedicaron a enseñar a las futuras generaciones de teólogos persas. De este modo, la iglesia persa rompió definitivamente con el resto del cristianismo.

A partir de Persia, el cristianismo nestoriano se extendió hacia el Asia Central, la India y Arabia. Tras la invasión árabe, los nestorianos no se sometieron tranquilamente al régimen musulmán, sino que produjeron gran cantidad de literatura polémica, tratando de mostrar la superioridad del cristianismo por encima del Islam. Esta literatura, esparcida en las bibliotecas de viejos monasterios, no ha sido suficientemente estudiada. Pero quizá sea de tanto valor e importancia como la de los apologistas cristianos que a partir del siglo segundo emprendieron la tarea de defender su fe frente a la cultura y las leyes grecorromanas. Además, aquellos cristianos nestorianos continuaron proclamando su fe en lugares lejanos, de tal modo que, gracias a la obra del misionero Alopén, llegó a haber cristianos nestorianos en China, y las Escrituras fueron traducidas por primera vez a la lengua de ese país.

Tras esta historia gloriosa, resulta triste comprobar que esta rama del cristianismo casi ha desaparecido. En China un cambio de dinastía destruyó por completo su misión. En la India quedan unos pocos nestorianos. Su principal núcleo se encuentra en los países actuales de Irak, Irán y Siria. Pero a principios del siglo presente fueron cruelmente perseguidos en esa región, de tal modo que su número se redujo de unos cien mil a menos de la mitad. Muchos de ellos emigraron a Norteamérica, donde organizaron algunas iglesias nestorianas.

Los monofisitas de Armenia

Pocas páginas en la historia del cristianismo son tan inspiradoras como las que narran el curso del cristianismo en Armenia. Y a pesar de ello son generalmente desconocidas por los cristianos occidentales.

Un obispo nestoriano del siglo XIX

El reino de Armenia se encontraba al extremo norte de la frontera entre el Imperio Romano y el Imperio Persa. Por tanto, su historia dependió siempre del curso de los acontecimientos en esas dos potencias. Por lo general, cuando los persas se consideraban suficientemente fuertes trataban de anexarse el reino

Gregorio el Iluminador, el apóstol de Armenia, era pariente del rey Tiridates.

vecino. Los romanos, por su parte, seguían una política distinta, pues su deseo no era conquistar Armenia, sino defender su autonomía para tener un estado aliado que protegiese sus fronteras con los persas. Dadas estas circunstancias, los armenios sentían más simpatías hacia los romanos que hacia los persas.

En el siglo III los persas se apoderaron de Armenia. Para ello les dieron órdenes a sus agentes en el reino vecino de que asesinaran al rey Cosroes, y luego invadieron el país. El heredero del trono armenio, Tiridates, todavía niño, huyó con algunos de sus nobles, y se refugió entre los romanos. El emperador Valeriano acudió en socorro de sus aliados armenios, pero los persas lo derrotaron e hicieron prisionero. Armenia quedó entonces sometida al gobierno de los persas.

Algunos años después, aprovechando que el Imperio Persa atravesaba por un período de crisis, y con la ayuda del emperador Licinio (el mismo a quien Constantino depuso más tarde), Tiridates logró regresar al trono armenio, donde fue recibido con júbilo por sus compatriotas, cansados del yugo extranjero.

Pero la crisis en el Imperio Persa fue breve, y el rey Narsés, tras poner fin a una guerra civil que había desangrado sus dominios, volvió a invadir a Armenia, lo cual obligó a Tiridates a pedir asilo de nuevo en territorio romano. En Siria, Asia Menor y Constantinopla, los refugiados armenios conocieron el cristianismo, y algunos de ellos se convirtieron. Entre estos últimos estaba un pariente de Tiridates, a quien la historia conoce como "Gregorio el Iluminador".

Una vez más las legiones romanas marcharon al campo de batalla contra los persas, cuya invasión de Armenia amenazaba los territorios romanos. Esta vez tuvieron mejor éxito que la anterior, y los persas se vieron obligados a firmar un tratado de paz mediante el cual el Imperio Romano se anexó varias provincias que anteriormente habían pertenecido a Persia, y Tiridates recuperó su trono.

Junto a Tiridates, regresaron a Armenia los nobles que habían estado exiliados en territorio romano. Entre ellos se contaba Gregorio el Iluminador, quien inmediatamente empezó a predicar su nueva fe entre sus compatriotas. Esto no era del agrado del Rey, quien al parecer temía que el pueblo armenio creyese que la corte se había romanizado durante su exilio. Por ello,

Tiridates III, rey de Armenia, recibió el bautismo el día 6 de enero del 303.

Tiridates hizo encarcelar a su pariente por quince años. Pero a la postre el propio Rey se convirtió, y muchos de los nobles lo siguieron a la fuente bautismal. Pronto surgió un movimiento de conversión en masa, en el que buena parte del pueblo abrazó el cristianismo. Este movimiento llegó a tal punto que muchos sacerdotes paganos, o sus hijos, se convirtieron también. Tales sacerdotes pronto recibieron órdenes cristianas, y se dio así el fenómeno de que en Armenia el sacerdocio cristiano se hizo hereditario, como lo había sido el pagano. Lo mismo sucedió con la jefatura de la iglesia, que pasó de Gregorio a sus descendientes. El bautismo de Tiridates tuvo lugar el día de la celebración de la Epifanía y el Bautismo de Jesucristo (el 6 de enero) del año 303, es decir, diez años antes del Edicto de Milán.

Las iglesias disidentes / 141

Sajak, Mesrop y sus discípulos prepararon todo un cuerpo de literatura cristiana en armenio.

Naturalmente, al principio esta conversión en masa dejó mucho que desear. Pero poco a poco la fe cristiana se fue arraigando entre las masas. En el siglo V, el patriarca Sajak le pidió al estudioso Mesrop que tradujese la Biblia al armenio. Esto era en extremo difícil, pues el armenio no era una lengua escrita. Por tanto, lo primero que tuvo que hacer Mesrop fue elaborar un método para escribir su idioma. Después, con la ayuda de Sajak y de varios discípulos, tradujo la Biblia, primero del siríaco y después del griego. Además Mesrop y sus seguidores se ocuparon de producir todo un cuerpo de literatura. Esa literatura fue uno de los elementos que más contribuyeron al desarrollo del espíritu nacional de los armenios, hasta entonces divididos en varios clanes rivales.

En el año 450 la nueva iglesia se vio fuertemente amenazada. El rey de Persia trató de imponer en Armenia su religión, el mazdeísmo. Los jefes de la nación armenia se reunieron en Artachat, y convinieron en un mensaje que debía serle enviado al rey de Persia, firmado por los obispos del país: "De esta fe nadie nos podrá apartar. [...] Haz lo que quieras".

Cuando los armenios le enviaron este mensaje al rey de Persia,

Porción de un manuscrito de los Evangelios en armenio

contaban con el apoyo del emperador Teodosio II y de Crisapio (los mismos que convocaron el "latrocinio de Efeso" de que hemos tratado en el capítulo anterior). Pero poco después Teodosio murió y sus sucesores, Pulqueria y Marciano, cambiaron de política con respecto a Persia, y por tanto les retiraron su apoyo a los armenios. En el año 451, el mismo en que se reunió el Concilio de Calcedonia, las tropas persas invadieron a Armenia, y los naturales del país se vieron obligados a defenderse por sí solos. Uno de sus principales jefes militares, Vardán "el bravo", defendió uno de los pasos entre las montañas con sólo 1036 soldados, y tras larga batalla todos murieron. Los persas conquistaron el país, y Armenia perdió su independencia.

En vista de estos acontecimientos, no ha de extrañarnos que los armenios se negasen a aceptar el Concilio de Calcedonia. Según ellos veían las cosas, los romanos, que debieron haberlos defendido por ser sus aliados y por ser sus hermanos en Cristo, los abandonaron en el momento decisivo. En consecuencia, la iglesia armenia rompió relaciones con la que existía dentro del Imperio Romano, y se declaró "monofisita", al tiempo que acusaba a los demás cristianos, no sólo de ser traidores, sino también de ser herejes.

Armenia quedó sujeta al gobierno persa. Pero la resistencia fue tal que poco después el rey de Persia decidió concederle al país la libertad religiosa y cierto grado de autonomía. Con ese propósito, nombró gobernador de Armenia al patriota Vajan, que había logrado organizar una resistencia de guerrillas contra los persas. A partir de entonces, y hasta las conquistas turcas, la iglesia de Armenia gozó de relativa paz.

Cuando los árabes conquistaron tanto el Imperio Persa como los territorios orientales del Imperio Romano, Armenia quedó bajo su gobierno. Se cuenta que cuando el califa Omar II le concedió una entrevista al patriarca Juan Otzún, este se presentó vestido de las lujosas vestimentas que eran símbolo de su oficio. El Califa le preguntó al Patriarca si su Maestro no había enseñado que sus discípulos debían vestir humildemente. El Patriarca le pidió al Califa que lo acompañase a una habitación privada, y allí le mostró la túnica de piel de cabra que llevaba bajo sus lujosas ropas. "El Señor nos enseñó también que no debemos hacer alarde de nuestra virtud", le dijo al Califa. Este último, convencido de que sólo Alá podía darle a un ser humano la fortaleza para vestir de tal modo, le prometió al Patriarca que los cristianos no serían perseguidos.

Durante los varios siglos que duró el régimen árabe, los cristianos armenios vivieron sin mayores dificultades. Aunque había edictos que limitaban sus actividades, y en algunas ocasiones hubo persecución, en términos generales los árabes respetaron la religión y cultura de los armenios.

En el siglo XI los turcos selyúcidas se apoderaron del país. Estos turcos eran mahometanos, al igual que los árabes, pero se mostraron mucho más fanáticos. Al parecer, los turcos se hicieron el propósito de destruir la iglesia de Armenia, aun si para ello fuera necesario exterminar la población. En tales circunstancias, muchos armenios emigraron hacia el Asia Menor, donde por algún tiempo se estableció el reino independiente de la Pequeña Armenia. Durante el período de las cruzadas, estos armenios se hicieron aliados de los cruzados, y hubo cierto acercamiento con Roma. Pero a la postre los turcos se hicieron dueños de toda la región, y continuaron oprimiendo a los armenios.

A principios del siglo XX, esa opresión llegó al punto de matar a decenas de millares de armenios. Hubo aldeas enteras

A principios del siglo XX hubo grandes matanzas de armenios en Turquía.

que desaparecieron, y los sobrevivientes se esparcieron por todo el mundo. Muchos de ellos se dirigieron al hemisferio occidental, donde fundaron comunidades en los Estados Unidos y en Brasil. Otros armenios, que vivían en la porción de la antigua Armenia que había quedado bajo el dominio de Rusia, lograron continuar algunas de sus viejas tradiciones en su tierra ancestral.

Los monofisitas en Etiopía

Se cuenta que en el siglo IV dos hermanos cristianos, de nombre Frumencio y Edesio, naufragaron en las costas del Mar Rojo. Allí fueron capturados y hechos esclavos por los habitantes del reino de Axum, en el Africa. Tras un largo período de esclavitud, su sabiduría hizo que se les diera la libertad y llegaran a ser consejeros del rey. Edesio decidió por fin regresar a Tiro, su ciudad natal. Pero Frumencio fue a Alejandría, donde Atanasio (uno de los "gigantes" cuya vida estudiamos en el volumen anterior) lo consagró obispo, y lo envió de regreso como misionero al reino de Axum. La labor misionera fue ardua, y alrededor del año 450, unos cien años después del comienzo de la obra de Frumencio, el rey Exana se convirtió al cristianismo. Al igual que en tantos otros casos, pronto los grandes personajes del reino y buena parte del pueblo lo siguieron a la fuente bautismal, y el reino se volvió cristiano.

Aquel reino de Axum fue engrandeciéndose mediante una serie de conquistas, y a la postre fue el núcleo alrededor del cual se formó la nación de Etiopía. De este modo apareció un vasto reino cristiano al sur del Egipto, allende las fronteras del Imperio Romano.

La iglesia de Etiopía guardó siempre relaciones estrechas con la del Egipto, y por tanto cuando el Concilio de Calcedonia condenó al patriarca de Alejandría, Dióscoro, los etíopes siguieron el ejemplo de la mayoría de los cristianos egipcios, y se negaron a aceptar las decisiones de ese concilio. Es por esta razón que los demás cristianos les dan el título de "monofisitas".

A través de los siglos, Etiopía ha mantenido su independencia, y es probablemente a ella que se refieren las leyendas que circulaban en la Europa medieval, acerca de un reino cristiano de gran riqueza, que existía más allá de los territorios dominados por los musulmanes.

Otra leyenda interesante relacionada con la historia de Etiopía es la que afirma que los emperadores de ese país, que se mantuvieron en el poder hasta la segunda mitad del siglo XX, eran descendientes de Salomón y de la reina de Saba. Según esta leyenda, cuando la reina de Saba (que supuestamente era Etiopía) se aprestaba a partir de Jerusalén, Salomón la invitó a pasar la última noche en su palacio. La Reina le manifestó que temía por su virtud, y el Rey le respondió que, siempre que no tomase nada de su palacio, él la respetaría. La Reina accedió a dormir en el palacio de Salomón bajo esos términos. Por la noche tuvo sed, y se levantó y bebió de un cántaro que había en su cámara. Entonces Salomón salió de su escondite entre las cortinas, le dijo que había tomado algo de su palacio, y se unió a ella. Por la mañana, le dio un anillo, diciéndole que si de aquella unión nacía un hijo se lo enviase con el anillo, para poder reconocerlo. Algunos años después el joven Menelik se presentó con el anillo en la corte de Salomón, quien le enseñó su sabiduría. De regreso a Etiopía, Menelik llegó a ser rey, y fundó así la dinastía de los Salomónidas.

Todo esto no es más que una leyenda. Pero señala el hecho de que el cristianismo etíope, a diferencia de buena parte de la cristiandad supuestamente más ortodoxa, ha conservado a través de los siglos un sentido claro de las raíces judaicas del cristianismo.

Los monofisitas de Egipto y Siria

Según dijimos en el capítulo anterior, dentro del Imperio Romano, en las regiones de Egipto y Siria, había fuertes contingentes que se negaban a aceptar las decisiones del Concilio de Calcedonia. Los diversos decretos de Basilisco, Zenón, Justiniano y otros que discutimos entonces eran otros tantos intentos de ganarse la simpatía de estas personas. Por tanto, la historia del monofisismo dentro del Imperio Romano, al menos en sus primeros años, ha sido narrada dentro de ese contexto. Aquí sólo nos resta añadir algo acerca de las dos iglesias que surgieron

Las iglesias disidentes / 147

de esa complicada historia, es decir, la iglesia copta y la iglesia jacobita.

El copto era el antiguo idioma de los egipcios, que éstos habían hablado antes de que el país fuese conquistado por Roma. Mientras la gente culta, particularmente en Alejandría, hablaba el griego, y muchos hablaban también el latín, los campesinos y demás personas pobres, descendientes de los antiguos habitantes del país, hablaban el copto. Fue entre estos últimos donde el monaquismo primitivo encontró la mayoría de sus adherentes. Y fue también entre ellos donde la oposición al Concilio de Calcedonia se hizo cada vez más fuerte.

Cuando los árabes conquistaron el país, el cristianismo de habla griega, cuya fuerza estaba principalmente en las ciudades, continuó aceptando las doctrinas de Calcedonia, y siguió en comunión con el patriarca de Constantinopla. A estos cristianos se les dio el nombre de "melquitas", que quiere decir "del emperador". Pero la mayoría de los cristianos egipcios continuó en su oposición a las decisiones de Calcedonia, y rompió con Constantinopla. Estos cristianos reciben el nombre de "coptos", y hasta el día de hoy constituyen la iglesia más numerosa en el Egipto.

Mientras tanto, en Siria y los alrededores sucedió algo parecido. Justiniano trató de aplastar el monofisismo en la región, pero Teodora se opuso a esa política, y protegió a algunos de los principales opositores del Concilio de Calcedonia. Uno de estos fue Jacobo Baradeo, un evangelista fervoroso de vida austera, que se dedicó a viajes misioneros en los que convirtió a muchas personas, consagró a por lo menos 27 obispos, y ordenó a millares de sacerdotes. Sus viajes lo llevaron por toda Siria, y hasta Egipto, Persia, Asia Menor y Constantinopla. Su labor fue tal que poco después se empezó a hablar de la iglesia monofisita de esa región como la "iglesia jacobita", y así se llama hasta el presente.

Cuando los árabes conquistaron la mayor parte de los territorios en que Jacobo Baradeo había laborado, la iglesia jacobita reafirmó su independencia del Imperio Bizantino, y su repudio al Concilio de Calcedonia. Pero a pesar de elio no lograron ser tan numerosos en Siria como lo eran los ortodoxos. A mediados del siglo XX el número de sus miembros ascendía a unos cien mil.

En resumen, las principales iglesias disidentes que surgieron de las controversias cristológicas y que perduran hasta nuestros días son cinco. En oposición al Concilio de Efeso, surgió la iglesia nestoriana. Y contra el de Calcedonia se declararon las iglesias armenia, etíope, copta y jacobita, a las que los demás cristianos llaman "monofisitas".

VI.
Las conquistas árabes

> *Aunque antes habían pedido ayuda contra los incrédulos, cuando recibieron de Dios un libro que confirmaba las Escrituras no quisieron creer. Por esa razón los infieles recibirán la maldición de Dios.*
>
> El Corán

A principios del siglo VII, parecía que por fin Europa comenzaba a salir del caos en que la habían sumido las invasiones de los bárbaros. Todos los invasores arrianos se habían vuelto católicos. Los francos, que desde un principio se habían convertido a la fe nicena, empezaban a establecer su hegemonía sobre las Galias. En las Islas Británicas, comenzaban a verse los resultados de la misión de Agustín. En Italia, en medio de las dificultades causadas por los lombardos, Gregorio el Grande ocupaba la sede pontificia. El Imperio Bizantino disfrutaba todavía del resultado de las conquistas de Justiniano, especialmente en el norte de Africa, donde el reino de los vándalos había desaparecido.

Entonces sucedió lo inesperado. De un oscuro rincón del mundo, al que tanto el Imperio Romano como los reyes persas le habían prestado poquísima atención, surgió una avalancha que, impulsada por la predicación del Corán, parecía destinada a conquistar el mundo.

Mahoma

El fundador del Islam, Mahoma, era miembro de una familia

destacada en la ciudad de Meca, en Arabia. Su padre había muerto poco antes de que Mahoma naciera, y su madre murió cuando el niño tenía seis años. Fue entonces su tío quien lo crió. Pero los negocios de la familia sufrieron serios reveses, y Mahoma pasó buena parte de su juventud como pastor. Después se unió al comercio de las caravanas, y su éxito fue tal que la viuda rica Cadija lo puso al frente de sus negocios. Tras algún tiempo, Cadija y Mahoma contrajeron matrimonio. Mientras vivió, Cadija fue el consejero y auxiliar más cercano con que contó Mahoma. Pero durante largo tiempo el futuro Profeta del Islam se dedicó sencillamente al comercio, y su vida no parecía distinta de la de sus muchos colegas.

Alrededor del año 610, cuando contaba unos cuarenta años, comenzó la carrera religiosa del Profeta. Este había acostumbrado retirarse de vez en cuando a un lugar apartado, para orar y meditar. Por esa época, había tenido ya amplios contactos con el judaísmo y con el cristianismo, pues en Arabia había buen número de judíos, y había también cristianos de diversas sectas. Algunas de estas sectas habían perdido todo contacto con el resto de la iglesia siglos antes, y por tanto sus doctrinas habían evolucionado por caminos a veces extraños. En todo caso, según cuenta la leyenda musulmana, Mahoma se encontraba en una montaña cerca de Meca cuando se le apareció el ángel Gabriel y le ordenó que proclamara el mensaje del único Dios verdadero.

Al principio, Mahoma fue algo tímido en su predicación. Tenía dudas acerca de su propia misión, y por algún tiempo no recibió otra revelación. Pero a la postre se convenció de que tenía una misión profética, y se lanzó a cumplirla. Comenzó entonces a proclamar el mensaje del Dios único, a la vez justo y misericordioso, que gobierna todas las cosas y exige obediencia de los seres humanos. Su mensaje, al estilo de los profetas del Antiguo Testamento, se presentaba frecuentemente en forma rítmica. Según Mahoma, lo que él predicaba no era una nueva religión, sino la continuación de la revelación que Dios había dado en los profetas del Antiguo Testamento y en Jesús. Este último no era divino. Pero sí era un gran profeta, que debía ser obedecido.

Los dirigentes árabes en Meca se opusieron a la predicación de Mahoma. Meca era un centro de peregrinajes en la religión politeísta de Arabia, y buena parte de sus ingresos se relacionaba con su culto. Por tanto, los comerciantes de la ciudad, muchos de los cuales habían sido colegas de Mahoma, ahora se volvieron contra él y sus seguidores.

En el año 622, Mahoma se refugió en un oasis cercano, donde estaba la población que después recibió el nombre de Medina. Es a partir de esa fecha que los musulmanes cuentan los años.

En el año 630, Mahoma y los suyos entraron triunfantes en Meca.

Fue allí donde por primera vez se estableció una comunidad mahometana, en la que el culto y la vida civil y política siguieron las normas trazadas por el Profeta.

Tras una serie de campañas militares, negociaciones y pactos,

La predicación del Corán fue la fuerza propulsora de las conquistas árabes.

Mahoma y los suyos tomaron la ciudad de Meca en el año 630. Con gran sabiduría y moderación, el Profeta prohibió toda venganza contra sus antiguos enemigos, y se limitó a derrocar los ídolos del templo y a instaurar el culto monoteísta. A partir de entonces, Mahoma gozó cada vez de más prestigio y poder entre los árabes, y a su muerte, en el 632, buena parte de la península de Arabia se había hecho musulmana.

Las conquistas de los califas

A la muerte de Mahoma la dirección de la comunidad musulmana cayó sobre los califas (del árabe *califat*, que quiere decir "sucesor"). El primer califa fue Abu Béquer, quien había sido uno de los principales acompañantes de Mahoma. Bajo Abu Béquer, el Islam consolidó su dominio en Arabia occidental, y tuvo sus primeros encuentros con los ejércitos bizantinos, que fueron derrotados en el 634.

Abu Béquer murió al mes siguiente, y su sucesor Omar, quien gobernó por diez años, continuó sus conquistas. El general Calid, bajo cuyo mando se encontraban las tropas que habían derrotado a los romanos, invadió la región de Siria, y en el 635 tomó la ciudad de Damasco. Tras ligeros reveses, los árabes derrotaron a un nuevo ejército que el Imperio Romano envió contra ellos, y en el 638 el Califa en persona tomó posesión de Jerusalén. Dos años después, con la capitulación de Cesarea y de Gaza, toda la región quedó en poder de los árabes.

Por el momento, los musulmanes no persiguieron a los cristianos ni a los judíos, pues eran "pueblos del libro" (es decir, del Corán) cuyo monoteísmo el Islam compartía. Así, por ejemplo, al entrar en Jerusalén el califa Omar decretó que a los cristianos "... se les asegurarán la vida y los bienes, sus iglesias y sus cruces. [...] En asuntos religiosos, no habrá presión ni coacción. Los judíos han de habitar en Jerusalén junto a los cristianos, y los que en ella residan han de pagar el mismo tributo que los habitantes de otras ciudades".

En términos generales, esta fue la política religiosa que siguieron los primeros califas en las tierras conquistadas. Sólo el politeísmo y la idolatría se prohibían. Los cristianos y judíos podían continuar en el libre ejercicio de su culto, siempre que

La entrada del califa Omar en Jerusalén

respetaran al Profeta y al Corán. Después se prohibió la conversión de los mahometanos al cristianismo o al judaísmo. Pero aparte de esto, y de ciertas limitaciones en las señales públicas de su culto, la única carga que se estableció sobre los judíos y los cristianos fue la obligación de pagar un tributo mediante el cual el estado se sostenía. Quienes se convertían al Islam no tenían que pagar ese impuesto. Por tanto, al mismo tiempo que los musulmanes no tenían interés especial en fomentar las conversiones a su religión, muchos de los cristianos de convicciones más flexibles terminaron por aceptar la fe del Profeta.

Al mismo tiempo que se enfrentaban a los bizantinos en Siria, los árabes invadían la otra gran potencia vecina, el Imperio Persa. Este doble frente, que en teoría pudo haber sido desastroso, produjo resultados sorprendentes. En el 657, después de derrotar repetidamente a los persas, los árabes tomaron su ciudad capital, Ctesifón. Entonces continuaron su inexorable expansión hacia el este, mientras los persas se retiraban hacia las montañas. Finalmente, en el 651 (y por tanto en tiempos del próximo califa) el último rey persa fue muerto, y al año siguiente los musulmanes eran dueños de todo el antiguo Imperio Persa.

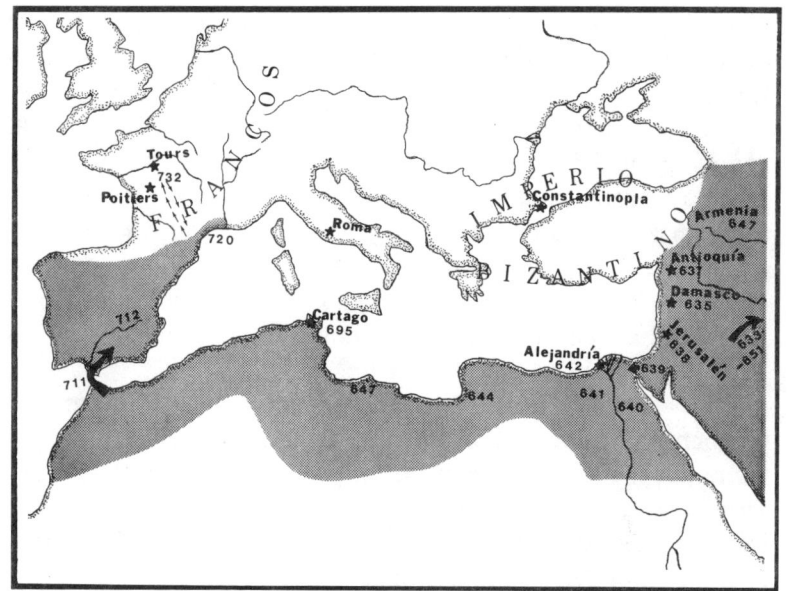

Las conquistas árabes

Mientras tanto, en el 639, otro contingente árabe invadió el Egipto, y rápidamente conquistó la mayor parte del país. En el 640, los árabes fundaron la ciudad que más tarde sería El Cairo. Y en el 642, al rendirse Alejandría, todo el país quedó en su poder. De allí la hueste musulmana continuó marchando victoriosa hacia el oeste, y en el 647 la ciudad de Trípoli capituló.

Bajo el próximo califa, Otmán, las conquistas marcharon más lentamente. En el norte de Africa los bereberes se oponían a sus avances, y el Imperio Bizantino, cuyas fronteras habían sido replegadas hasta el Asia Menor, logró por fin detener el avance del Islam en esa dirección. Además, hubo luchas internas entre los propios musulmanes, y a la postre Otmán fue atacado y muerto por uno de los hijos de Abu Béquer. Pero a pesar de todo esto Otmán había dado los primeros pasos en la fundación de una escuadra árabe, y con ella logró conquistar la isla de Chipre, que hasta entonces había sido parte del Imperio Romano.

La muerte de Otmán no puso fin a la guerra civil entre los musulmanes. Su sucesor, Alí, no pudo retener el poder, y a su muerte lo sucedieron los califas omeyas, quienes al principio se dedicaron a consolidar su poder, y establecieron su capital en Damasco.

Por estas razones, durante la segunda mitad del siglo VII las conquistas árabes fueron más lentas. Aunque repetidamente atacaron a Constantinopla y otras regiones vecinas, sus fuerzas fueron rechazadas. Su principal conquista, el norte de Africa, requirió una lucha larga y azarosa, pues tanto los bizantinos como los bereberes los resistieron a cada paso. Pero a pesar de ello Cartago capituló en el 695, y al terminar el siglo muchos de los bereberes habían aceptado el Islam.

En el año 711, un ejército musulmán compuesto de moros, bereberes y árabes, al mando de Tarik, cruzó el estrecho de Gibraltar (cuyo nombre se deriva del de Tarik) y derrotó al último rey godo, Rodrigo, cerca de Jerez. Pronto toda España, excepto los territorios asturianos y vascongados del norte, quedó bajo el dominio musulmán.

De España, las huestes victoriosas pasaron a Francia, donde se adueñaron de buena parte de la costa sur. En el 721 marcharon sobre Tolosa, y en el 732 se encontraban cerca de Poitiers cuando fueron derrotados por los francos, al mando de Carlos Martel. Anteriormente, en el 718, otro ejército islámico, apoyado por la escuadra, había atacado a Constantinopla. El emperador León III había defendido la ciudad valerosamente y los musulmanes habían perdido casi toda su escuadra y buena parte de su ejército. Otra expedición, dirigida contra Sicilia en el 720, también había fracasado. La primera marejada del avance islámico había llegado a pleamar.

Consecuencias de las conquistas

Cien años mediaron entre la muerte de Mahoma y la batalla de Poitiers. Fueron cien años que cambiaron la faz del Mediterráneo, y tendrían profundas implicaciones para el futuro de la región y de la iglesia. Hasta entonces, a pesar de las invasiones de los bárbaros, el Mediterráneo había sido un lago romano. Es cierto que durante algún tiempo los vándalos dominaron la navegación en la región al oeste de Italia. Pero ese dominio fue

En la batalla de Tours (o de Poitiers) los francos, bajo el mando de Carlos Martel, detuvieron el avance de los musulmanes.

breve, y en todo caso nunca llegó a interrumpir la navegación y el comercio entre Egipto y Siria, por una parte, y Constantinopla e Italia, por otra. Ahora los musulmanes se habían adueñado de toda la costa del Mediterráneo, desde Antioquía, junto al Asia Menor, hasta Narbona en el sur de Francia, y por tanto el comercio marítimo cristiano quedó limitado a la porción nordeste del Mediterráneo (los mares Egeo y Adriático), y el Mar Negro.

Durante la edad de oro del Imperio Romano, y aún después de las invasiones de los bárbaros, había existido un nutrido comercio que llevaba al Occidente productos procedentes de Egipto, y hasta del Lejano Oriente. De Alejandría se importaba el papiro, tan necesario para copiar manuscritos antiguos y producir nuevas obras. Del Oriente provenían, a través del Mar Rojo, seda y especias.

Tras las conquistas de los árabes, este comercio cesó. Esto quiso decir, por una parte, que escaseó el papiro, y que los manuscritos tuvieron que empezar a copiarse en pergamino. Pero quiso decir además que la Europa occidental quedó relativamente aislada de las más antiguas civilizaciones del Egipto,

Siria y el Lejano Oriente. Esto a su vez la obligó a depender de sus propios recursos, y a desarrollar su propia civilización.

Por otra parte, las conquistas musulmanas le arrebataron a la cristiandad varios de sus más antiguos centros de difusión y pensamiento: Jerusalén, Antioquía, Alejandría y Cartago. En consecuencia, sólo dos ciudades quedaron entonces que podrían disputarse la hegemonía sobre el mundo cristiano: Roma y Constantinopla. Y alrededor de cada una de ellas el cristianismo fue tomando su propia forma, hasta que se produjo la ruptura definitiva, según veremos, en el año 1054.

Quizá el papa León III tenía en mente algunas de estas nuevas circunstancias aquel día de Navidad del 800, cuando ciñó la sien de Carlomagno con la corona imperial. Pero en todo caso, no cabe duda de que esas circunstancias fueron factores determinantes de los resultados de su acción. El emperador de Constantinopla, casi constantemente acosado por sus vecinos musulmanes, no tendría los recursos necesarios para intervenir decisivamente en el Occidente. Roma, por su parte, se apartaría cada vez más de una iglesia bizantina que parecía estar bajo la tutela del poder imperial. Si a partir de entonces el mapa del cristianismo se había trazado sobre el eje horizontal del Mediterráneo, a partir de las conquistas árabes y de la coronación de Carlomagno se trazaría sobre un eje vertical que iba desde Roma hasta las Islas Británicas, pasando por los territorios de los francos. El cristianismo bizantino quedaría cada vez más al margen de ese mapa.

VII.
Bajo el régimen de los carolingios

Cuiden los poderosos [...] de no tomar para su propia condenación las cosas de la iglesia, ni oprimir [...] las iglesias de Dios, y los lugares santos, sabiendo que las propiedades de la iglesia son las promesas de los fieles, el patrimonio de los pobres, el precio de los pecados.

Hincmaro de Reims

Cuando dejamos el Occidente, varios capítulos atrás, para narrar algo de lo que estaba sucediendo en el Oriente, el papa León III acababa de consagrar a Carlomagno como emperador. Aunque ya hemos dicho algo acerca del alcance de esa decisión, debemos regresar ahora al Occidente, para ver el curso de los acontecimientos bajo Carlomagno y sus sucesores.

Carlomagno

Cuando Carlomagno fue coronado emperador por el Papa, casi toda la cristiandad occidental formaba parte de su imperio, fuera del cual quedaban sólo las Islas Británicas y los rincones de España hacia donde se habían replegado los cristianos tras las invasiones musulmanas. Por tanto, el curso de los acontecimientos dentro de su imperio tendría amplias consecuencias para la historia futura del cristianismo, y de la Europa toda.

Pero Carlomagno no se limitó a extender sus territorios entre sus vecinos cristianos. Más que eso, se lanzó a una vasta campaña de conquista contra los sajones y los frisones, que habitaban las fronteras al nordeste de su imperio, y contra los musul-

La coronación de Carlomagno como emperador de Occidente marcó un hito en la historia de Europa.

manes que lindaban con él al suroeste. Las campañas contra los sajones y frisones fueron largas y sangrientas. Estos pueblos, que nunca habían sido romanizados, atravesaban periódicamente las fronteras de los francos, saqueaban las aldeas, iglesias y monasterios, y regresaban con su botín a sus bosques, donde era muy difícil darles caza. Por lo tanto, en el año 772, Carlomagno invadió sus territorios y penetró hasta Irminsul, donde destruyó un gran tronco que era el ídolo principal de los sajones. Al parecer, lo que el Rey franco se proponía era a la vez facilitar la conversión de los sajones al cristianismo, y debilitar su resistencia destruyendo su religión. Tras aceptar la rendición de los sajones, Carlomagno les envió misioneros, para que les enseñasen la fe cristiana.

Pero pocos años después, cuando el Rey de los francos se vio obligado a marchar a Italia en su campaña contra los lombardos,

En el año 772, Carlomagno destruyó el gran tronco que era el ídolo principal de los sajones.

los sajones se sublevaron, y mataron a todos los misioneros. Entonces Carlomagno invadió de nuevo la región, aplastó la rebelión, y convocó a una asamblea nacional en Paderborn, donde los sajones, aparentemente pacificados, vieron su país organizado eclesiásticamente, con diversas diócesis y abadías que se debían ocupar de su cristianización.

Carlomagno se encontraba todavía en Paderborn cuando se le presentó la oportunidad de invadir a España. Uno de los jefes musulmanes de ese país le pidió ayuda en su rebelión contra Abderramán I, quien gobernaba el país desde Córdoba. El Rey franco abandonó a Sajonia apresuradamente, cruzó sus propios territorios, y dividió su ejército en dos cuerpos, que cruzaron los Pirineos por dos lugares distintos. Tras tomar a Barcelona, Hues-

La conferencia de paz entre Carlomagno y Videquindo

ca y Gerona, los dos ejércitos se encontraron frente a Zaragoza, ciudad que se suponía fuese el centro de la rebelión contra Abderramán. Pero Zaragoza se negó a abrirles sus puertas, y los francos empezaron a temer que la supuesta rebelión no tendría lugar, o que habían sido traicionados.

En esto estaban las cosas cuando llegaron noticias de que los sajones se habían vuelto a rebelar, bajo el mando del jefe Videquindo. Carlomagno regresó apresuradamente a Francia, y en esa ocasión su retaguardia, al mando de Roldán, fue aniquilada por los vascos en el paso de Roncesvalles. Pero el Rey prosiguió su marcha a través de sus propios dominios, se presentó inesperadamente en Sajonia, y ahogó la rebelión.

Cuando, en el año 782, la sublevación estalló de nuevo, Carlomagno se propuso ahogarla en sangre. Hasta entonces sus medidas después de cada revuelta habían sido relativamente benignas. Pero en esta ocasión, cuando sus tropas dominaban de nuevo la región, y Videquindo había escapado a Escandinavia, el

El bautismo de Videquindo

Rey de los francos ordenó que se les infligiera a los sajones un castigo ejemplar, y en Verden más de cuatro mil de ellos fueron muertos.

Esta matanza exasperó a los sajones, quienes ahora se alzaron contra Carlomagno en mayor número que antes. Tanto los sajones como los francos sabían que esta era la última rebelión, y que por tanto la lucha debía proseguir hasta el final. En el 784 los frisones, hasta entonces aliados de los sajones, se rindieron a los francos, aceptaron el bautismo, y se apartaron de la contien-

Tras los jefes sajones, casi todo el pueblo recibió el bautismo.

da. Un año después Videquindo y sus principales jefes se rindieron definitivamente y aceptaron el cristianismo. Su bautismo marcó el fin de las revueltas de los sajones.

En esta historia nos hemos referido repetidamente al bautismo, tanto de los frisones como de los sajones, como si ese rito se relacionara de algún modo con la rebelión y su supresión. El hecho es que existía una relación estrecha. Carlomagno estaba convencido de que, si los sajones aceptaban el cristianismo, perderían su carácter aguerrido y aceptarían buena parte de la cultura de los francos. De este modo los sajones dejarían de ser una amenaza. Además, cualquiera que haya sido la intención que lo animaba en sus primeras campañas, a la postre Carlomagno decidió incorporar Sajonia a sus dominios. Puesto que se consideraba a sí mismo rey (y después emperador) por la gracia de Dios, parte de su misión, según él mismo la veía, consistía en asegurarse de que sus súbditos fuesen cristianos.

Por otra parte, el bautismo tenía cierto poder directo en la pacificación de los sajones. Al parecer, muchos entre ellos creían que al aceptar el bautismo estaban abandonando a sus dioses, quienes a su vez los abandonarían a ellos. Luego, una vez bautizados, no tenían otra alternativa que ser cristianos, pues de lo contrario quedarían sin dios alguno que los protegiera. Aunque muchos de los bautizados tras una campaña pronto se sumaban a la próxima rebelión, también hubo muchos que se negaron a sublevarse de nuevo, basando su decisión en el hecho de que habían sido bautizados.

Por su parte, Carlomagno siguió una política de pacificación que pronto logró asimilar Sajonia al reino de los francos. Varios miles de sajones fueron transportados a otras partes del Imperio. Y en su propia tierra el Emperador les dio el título de condes a algunos de los jefes que se mostraron leales a su gobierno. Poco después, serían los sajones quienes aplicarían a la conversión de sus vecinos los mismos métodos que Carlomagno había empleado con ellos.

Mientras todo esto sucedía, Carlomagno no abandonó por completo sus intereses en España. Bajo el mando de su hijo Ludovico Pío y del duque Guillermo de Aquitania, los francos conquistaron una amplia faja de terreno que se extendía hasta el Ebro. Al mismo tiempo, Carlomagno parece haber puesto algu-

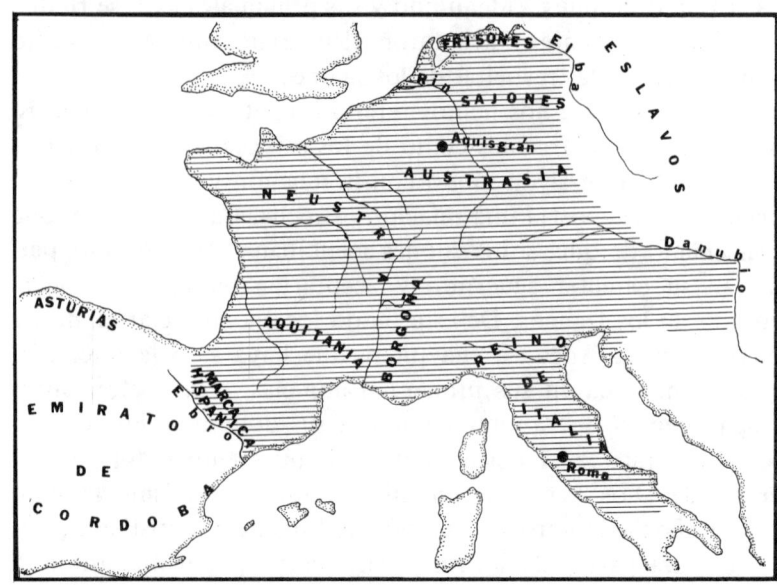

El imperio de Carlomagno

nos recursos a la disposición de Alfonso II el Casto, rey de Asturias, quien comenzaba el largo proceso de la reconquista de la península ibérica.

Dentro de sus propios territorios, Carlomagno se ocupó también de organizar y supervisar la vida de la iglesia. Al parecer, el Emperador se creía llamado a gobernar su pueblo, no sólo en asuntos civiles, sino también eclesiásticos. Aun más, Carlomagno no parece haber hecho distinción alguna entre estos dos campos. Los obispos, al igual que los condes, eran nombrados por el rey, y desapareció así la antigua costumbre de que los obispos fueran elegidos por el clero y el pueblo. Puesto que bajo Carlomagno cada obispo era directamente responsable ante el rey, la función de los arzobispos fue más bien de honor que de autoridad. Bajo Ludovico Pío, el próximo rey, los arzobispos comenzarían a adquirir más poder, y a la postre se volverían poderosos señores feudales.

Además de nombrar a los obispos, Carlomagno se ocupó de legislar acerca de la vida de la iglesia. Esta legislación incluyó el descanso dominical obligatorio, la imposición del diezmo como si fuera un impuesto, y el mandato de predicar sencillamente y en la lengua del pueblo.

Bajo los gobiernos anteriores, el monaquismo había perdido su inspiración inicial, pues las abadías se habían vuelto ricas prebendas, codiciadas y frecuentemente logradas por personajes que no tenían el menor interés en la vida monástica, y que sólo aspiraban a hacerse ricos y poderosos. Carlomagno emprendió la reforma de los monasterios, que quedó confiada a Benito de Aniano (quien no debe confundirse con Benito de Nursia, el autor de la *Regla*). Benito de Aniano había abandonado la corte real para dedicarse a la vida monástica, y su sabiduría, austeridad y obediencia a la *Regla* pronto le ganaron el respeto del Rey, quien le encomendó la tarea de reformar y supervisar la vida monástica. Esto lo hizo nuestro monje aplicando en todo el país la *Regla* de San Benito, que así alcanzó mayor difusión.

Al mismo tiempo, Carlomagno se ocupó también de la educación de sus súbditos y del cultivo de las letras. Con este propósito, reformó la escuela palatina, que existía desde tiempos de los merovingios (la dinastía anterior). A esa escuela asistieron, no sólo los hijos de los nobles de la corte, sino también el propio Rey, deseoso de aumentar sus conocimientos. A ella Carlomagno trajo al diácono Alcuino de York, a quien había conocido en Italia, y quien llevó al reino de los francos la erudición que se había conservado en los monasterios británicos. De España vino Teodulfo, a quien el Rey nombró obispo de Orleáns. Allí este sabio obispo ordenó que en todas las iglesias de su diócesis hubiera escuelas, y prohibió que los sacerdotes les negasen la enseñanza a los pobres, o que exigiesen pago por ella. Tras estos grandes maestros, vinieron muchos otros, así como poetas e historiadores, cuyos nombres no es necesario consignar aquí, pero que contribuyeron a un florecimiento de las letras bajo el régimen de Carlomagno y sus sucesores.

Los sucesores de Carlomagno

Normalmente, según las viejas costumbres de los francos, los territorios de Carlomagno debieron haberse repartido entre todos sus hijos. Pero cuando el viejo Rey decidió que había llegado la hora de nombrar sucesor, sólo uno de sus hijos legítimos quedaba con vida: Luis, o Ludovico, a quien por sus inclinaciones religiosas se le ha dado el nombre de "Ludovico Pío". Aunque éste había dado muestras de habilidad administrativa y militar mientras gozó del título de rey de Aquitania bajo su padre Carlomagno, el hecho es que hubiera preferido ser monje que emperador, y que sólo la mano fuerte de su padre y los consejos de varios eclesiásticos a quienes admiraba le impidieron tomar la tonsura monástica.

Los primeros años de gobierno de Ludovico Pío fueron indudablemente los mejores. En la primera dieta (o asamblea del Imperio) se adoptó una serie de medidas que mostraban el camino que Ludovico se proponía seguir. De estas la más notable fue el envío por todo el Imperio de comisionados imperiales para investigar cualquier caso de opresión o usurpación de poder que hubiera tenido lugar.

Animada por el mismo espíritu reformador del Emperador, la dieta del 817 ordenó que todos los monasterios se sometieran a Benito de Aniano, y que la elección de los obispos recayese de nuevo sobre el clero y el pueblo. Con este último paso, Ludovico se deshacía de uno de los más poderosos instrumentos de que su padre había disfrutado, pues a partir de ahora el alto clero no le debería la lealtad absoluta que antes le había debido a Carlomagno. Esa misma dieta les prohibió además a todos los clérigos cualquier ostentación de lujo, tales como los cinturones con piedras preciosas o las espuelas de oro. La propiedad eclesiástica quedaría fuera de la jurisdicción de los nobles. El diezmo, por demás obligatorio, se dividiría en tres porciones, de las cuales una sería del clero y dos pertenecerían a los pobres. En todas estas leyes, puede verse el hilo central de la política eclesiástica de Ludovico, que consistía en reformar la iglesia al mismo tiempo que le daba cada vez mayor autonomía. El gran peligro de tal política estaba en que era posible (y así sucedió) que los dirigentes eclesiásticos utilizasen su nueva autonomía contra los designios reformadores del Emperador, y aun contra el Emperador mismo.

Los conflictos comenzaron cuando murió la emperatriz Hermingarda, y el Emperador tomó por esposa a la bella e inteligente Judit. Pronto nació un hijo de esta unión, y los tres hijos de Hermingarda, a quienes Ludovico había nombrado sus sucesores y herederos, comenzaron a temer que su medio hermano los desposeería. El resultado fue una larga y complicada guerra civil. Durante el conflicto, Ludovico se dejó llevar repetidamente por sus inclinaciones religiosas, perdonando a los rebeldes, mientras estos últimos aprovecharon cuanta oportunidad se les presentó de humillarlo, y hasta llegaron a deponerlo. Tras su restauración, Ludovico perdonó una vez más a sus hijos rebeldes y a los partidarios de estos. Al morir él, sus dominios se dividieron entre tres de sus hijos, pues uno de los que había tenido de Hermingarda había muerto. Lotario, el mayor, les hizo la guerra a sus hermanos, hasta que por fin, en el tratado de Verdún del año 843, los territorios que habían pertenecido a Carlomagno y a Ludovico Pío se dividieron como sigue: Lotario tomó el título imperial, Italia y una faja de terreno entre Alemania y Francia; Luis, el otro hijo de Hermingarda, obtuvo Alemania; y Francia le tocó a Carlos "el Calvo", el hijo de Judit.

A partir de entonces, el viejo imperio carolingo sufrió una decadencia casi ininterrumpida. Por lo general, el título imperial, del que los papas pretendían disponer, recaía sobre quien gobernaba en Italia. Pero quienes reinaban en otras partes no parecían prestarle la menor obediencia. Además, los musulmanes se apoderaron de Palermo en Sicilia, y de allí pasaron al sur de Italia. En el año 846 llegaron a atacar a Roma y saquear las basílicas de San Pedro y de San Pablo, que estaban fuera de los muros de la ciudad. En tales circunstancias, los emperadores que reinaban en Italia difícilmente podían hacer valer su autoridad en Francia y Alemania.

Bajo Carlos el Gordo, por una serie de circunstancias, la mayor parte de los territorios del Imperio quedó de nuevo bajo un solo soberano. Pero esa unidad fue efímera, y a la muerte de Carlos, en el 887, puede decirse que se extinguió el último fulgor de la gloria carolingia.

Durante todo este período de luchas fratricidas, guerras civiles, herencias disputadas, reyes depuestos y restaurados, etc., el papado se encontró en una situación harto extraña. En virtud de la acción de León III al coronar a Carlomagno, los papas parecían gozar de la autoridad de coronar a los emperadores. Por esa razón, su prestigio era grande allende los Alpes, donde cada partido quería asegurarse su apoyo. Pero, por otra parte, en la propia Roma el caos era tal que muchos papas se vieron amenazados, bien por el pueblo, o bien por alguna de las facciones que se disputaban el poder en la ciudad. A fin de sostenerse en el mando, los papas se vieron repetidamente en la necesidad de apelar al poder secular. Luego, quienes parecían tener autoridad para disponer del Imperio no podían disponer de la propia ciudad de Roma. Esto a su vez hizo del papado una presa fácil y codiciada, y en el siglo próximo lo llevó al caos y la corrupción.

El sistema feudal

Según hemos dicho anteriormente, poco antes de que Carlomagno ascendiera al trono de los francos se había producido un gran cambio político en la cuenca del Mediterráneo. Las conquistas de los árabes habían terminado el dominio cristiano sobre ese mar, que había sido un lago romano desde tiempos del emperador Augusto. El resultado de esto fue que la Europa occidental tuvo que replegarse sobre sus propios recursos, pues el comercio con el Oriente quedó drásticamente reducido. Algunos historiadores han demostrado que en época de Carlomagno había cesado el gran comercio, no sólo con el exterior, sino también dentro de sus propios dominios. Aunque había todavía cierta navegación comercial en el Adriático y cerca de los Países Bajos, esto no era suficiente para producir un comercio nutrido. Por lo tanto, el dinero dejó de circular, hasta tal punto que casi desaparecieron por completo las monedas de oro. Cada región tenía que subsistir por sí sola, y debía producir todo lo necesario para el alimento y el vestido.

En tales circunstancias, la tierra, más bien que el dinero, vino a ser la principal fuente de riqueza. El propósito de todo gran señor era aumentar sus tierras, y los terratenientes menores buscaban modos de asegurarse de que sus tierras no les serían arrebatadas. Además, a falta de comercio, uno de los principales medios que los reyes tenían para premiar el servicio y la lealtad de algún súbdito era concederle tierras.

Surgió así el sistema feudal. Este sistema consistía en toda una jerarquía, basada en la posesión de la tierra, en la que cada señor feudal, al tiempo que recibía el homenaje de sus vasallos, le debía un homenaje semejante a otro señor que se encontraba por encima de él. Las tierras que el vasallo recibía de su señor eran los "feudos", y de aquí el nombre de "sistema feudal".

La jerarquía feudal puede verse en este grabado del "árbol de las batallas", tomado de un manuscrito medieval. Nótese que en él luchan ángeles contra ángeles, reyes contra reyes, obispos contra obispos, etc., pero nadie lucha contra su superior.

El "homenaje" era el rito mediante el cual se sellaban las relaciones entre el vasallo y su señor. En este rito, el primero le juraba fidelidad al segundo, mientras colocaba sus manos entre las de éste, quien respondía entonces otorgándole al vasallo el "beneficio", simbolizado por un puñado de tierra si se trataba

El régimen feudal, frecuentemente idealizado por las novelas y la cinematografía, se basaba en el sudor de los siervos, duramente explotados y oprimidos.

sencillamente de tierra, o por un báculo y anillo si se trataba de un obispado, o por otros objetos según el caso.

La relación entre el vasallo y su señor no era al principio hereditaria. Al morir una de las partes, el contrato expiraba, y era necesario hacer un nuevo acto de homenaje. Además, el vasallo quedaba libre de sus obligaciones para con su señor si éste faltaba a sus obligaciones de algún modo (por ejemplo, si se negaba a acudir en defensa suya pudiendo hacerlo). Y, de igual modo, el señor no tenía obligación alguna para con el vasallo desleal.

Pronto, sin embargo, los feudos se hicieron hereditarios. Aunque durante largo tiempo se conservó la costumbre de acudir a rendirle homenaje al nuevo señor a la muerte del anterior, tal homenaje llegó a ser casi automático, y los feudos se heredaban como cualquier otra propiedad. Dadas las frecuentes uniones entre diversas familias, se hizo común el caso de vasallos que les debían homenaje a varios señores, y que por tanto se excusaban de la obediencia debida a uno de ellos a base de la obediencia debida a otros. El resultado fue la fragmentación política y económica de la Europa occidental, y la decadencia de las diversas monarquías, que difícilmente podían ejercer su autoridad.

Esto afectó también la vida de la iglesia, pues los obispados y sus tierras anejas eran también feudos cuyos jefes le debían obediencia a algún señor, y a quienes otros vasallos se la debían a su vez. Puesto que ya en esta época los obispos no podían ser personas casadas, sus feudos no pasaban a sus hijos, como en el caso de otros señores feudales. Lo mismo era cierto de los abades y abadesas, que llegaron a poseer enormes extensiones de terreno y millares de vasallos. En consecuencia, el asunto de la sucesión a tales cargos eclesiásticos se volvió materia de gran importancia política, y en el próximo volumen veremos las dificultades que esto causó, tanto para la iglesia como para los gobernantes seculares.

La actividad teológica

Puesto que durante el efímero régimen carolingio hubo un despertar en el estudio de las letras, era de esperarse que hubiera también cierta actividad teológica. Excepto en la obra de Juan

Cuando surgían pleitos entre iguales, se apelaba a veces al "juicio de Dios", que consistía en un duelo en el que la victoria era prueba del favor de Dios, y por tanto de la justicia de la causa del vencedor.

Escoto Erigena, esa actividad se limitó a una serie de controversias, cuyos temas nos indican cuáles eran las principales inquietudes teológicas de la época.

El único pensador sistemático, que trató de incluir en su obra la totalidad del universo, fue Juan Escoto Erigena. Su nombre nos da a entender que era oriundo de Irlanda, que a través de los siglos había conservado en sus monasterios buena parte de los conocimientos de la antigüedad, olvidados por el resto de Europa occidental. A mediados del siglo IX Erigena se estableció en la corte de Carlos el Calvo (el hijo de Ludovico Pío y Judit), donde llegó a gozar de gran prestigio debido a su erudición. Fue él quien tradujo del griego las obras del falso "Dionisio el Areopagita". En el siglo V, alguien había compuesto estas obras, haciéndose pasar por Dionisio, el discípulo de Pablo en el Areópago. Cuando fueron introducidas en Europa occidental en época de Carlos el Calvo, nadie dudaba de su autenticidad, y fue Erigena quien las tradujo del griego al latín. A partir de entonces este falso Dionisio gozó de gran prestigio, pues se le consideraba sucesor inmediato de San Pablo. A través de él el misticismo neoplatónico hizo un gran impacto en la iglesia de habla latina, que llegó a confundirlo con las enseñanzas de San Pablo.

Además de traducir las obras del falso Dionisio, Erigena escribió un gran tratado, *De la división de la naturaleza*, cuyas enseñanzas son más neoplatónicas que cristianas. Pero en todo caso su tono era tan erudito, y sus especulaciones tan abstractas, que fueron pocos los que lo leyeron, menos los que lo entendieron, y nadie parece haberlo aceptado ni seguido.

Mucho más importantes para la vida de la iglesia fueron las controversias teológicas que tuvieron lugar en el período carolingio. De estas, la más importante, porque sus consecuencias perduran hasta nuestros días, fue la que se refería al *Filioque*. La palabra *Filioque* quiere decir "y del Hijo", y algunas iglesias occidentales la habían interpolado en el Credo Niceno, de modo que donde la iglesia oriental decía "en el Espíritu Santo, que procede del Padre", algunas iglesias occidentales empezaron a decir "en el Espíritu Santo, que procede del Padre *y del Hijo*". Al parecer, la palabra *Filioque* fue añadida primero en España, y de allí pasó al reino de los francos. En todo caso, en la capilla real de Aquisgrán, la capital de Carlomagno, se acostumbraba incluir esa palabra en el Credo. Cuando unos monjes procedentes del reino franco se presentaron en Jerusalén y repitieron el Credo con esta extraña interpolación, causaron un escándalo en la iglesia oriental, que se preguntaba quién les había dado autoridad a los francos para cambiar el viejo Credo, aceptado por los concilios y por todos los cristianos ortodoxos.

Parte de lo que estaba en juego eran dos modos algo distintos de entender la doctrina de la Trinidad. Pero la controversia se hizo mucho más agria por cuanto existían fuertes rivalidades entre las iglesias de Oriente y Occidente. Cuando Carlomagno recibió del Papa el título de emperador, el gobierno de Constantinopla declaró que se trataba de una usurpación de poder, y que el Rey de los francos no era verdaderamente emperador. Los francos afirmaron que la negación del *Filioque* era herejía, y por su parte los bizantinos respondieron que los herejes eran quienes osaban cambiar el Credo.

Hasta el día de hoy, ésta sigue siendo una de las cuestiones que separan a las iglesias orientales de las occidentales.

Por otra parte, esta controversia tuvo otra consecuencia, que se hace sentir hasta el día de hoy en el culto público de muchas de nuestras iglesias. Hasta esa época, el credo más común utilizado por todas las iglesias era el Niceno. Pero ahora el Papa se veía en la difícil situación de tener que tomar partido entre los francos y los bizantinos cada vez que tenía que decir el Credo. Su solución consistió en empezar a utilizar el viejo Símbolo Romano, que había caído en desuso siglos antes, y que ahora empezó a llamarse "Credo de los apóstoles". De ese modo, el Papa evitaba tener que decidir entre los francos y los bizantinos. A partir de Roma, el Credo de los apóstoles fue difundiéndose por todo el resto de Europa occidental, y es por esa razón que ha venido a ser el más usado en todas las iglesias occidentales, tanto católicas como protestantes.

Otra controversia teológica del período carolingio giró alrededor de las doctrinas de Elipando de Toledo y Félix de Urgel, ambos españoles. En España había muchos cristianos que no habían huido hacia el norte durante las invasiones islámicas, y que ahora vivían bajo el régimen musulmán. Estos cristianos, los "mozárabes", conservaban sus antiguas tradiciones de tiempos preislámicos, incluso su orden de culto, conocido como la "liturgia mozárabe". Ahora que Carlomagno empezaba a reconquistar algunas de las tierras perdidas al Islam en España, estos mozárabes se mostraban celosos de sus antiguas tradiciones, que los francos trataban de sustituir por los usos de Roma y de Francia. Luego, había razones de tensión entre los mozárabes y los francos aun antes que estallara la controversia.

El conflicto comenzó cuando el arzobispo Elipando de Toledo, basándose en algunas frases de la liturgia mozárabe, dijo que, según su divinidad, Cristo era Hijo eterno del Padre, pero que según su humanidad era hijo sólo "por adopción". Debido a esta frase, la posición de Elipando ha sido llamada "adopcionismo". Pero este nombre no es exacto, puesto que lo que decían los verdaderos adopcionistas de la iglesia antigua era que Jesús había sido un hombre común y corriente a quien Dios hizo hijo adoptivo. Esto no era lo que decía Elipando. Según él, Jesús había sido siempre divino. Pero sí le parecía necesario insistir en la distinción entre la divinidad y la humanidad del Salvador, y por ello hablaba de dos modos de ser "hijo", uno eterno y otro por adopción. Luego, lo que tenemos aquí, más bien que un verdadero adopcionismo, es la distinción marcada entre las dos naturalezas del Salvador que siglos antes caracterizó a la escuela de Antioquía, y cuya consecuencia extrema fue condenada en el Concilio de Efeso, cuando Nestorio fue declarado hereje.

Frente a estas enseñanzas de Elipando, que pronto hallaron eco en el obispo Félix de Urgel, otros insistían en la unión estrecha de las dos naturalezas del Salvador. Así, por ejemplo, Beato de Liébana decía:

... los incrédulos no podían ver en aquel a quien crucificaban otra cosa que un hombre. Y como hombre lo crucificaron. Crucificaron al Hijo de Dios. Crucificaron a Dios. Por mí sufrió mi Dios. Por mí fue crucificado mi Dios.

Pronto las enseñanzas de Elipando y de Félix fueron condenadas por los teólogos francos y por los papas. Elipando, que se encontraba fuera de su alcance por vivir en tierras de moros, continuó afirmando sus doctrinas. Pero Félix fue obligado a retractarse, y a la postre no se le permitió regresar a Urgel, donde la influencia de los mozárabes era grande, y tuvo que pasar el resto de sus días entre los francos.

Muertos Elipando y Félix, la controversia quedó relegada a segundo plano.

En el entretanto, sin embargo, otras controversias habían aparecido dentro del propio reino franco. De todas estas, las que más nos interesan son las que se refieren a la predestinación y a la presencia de Cristo en la comunión.

La controversia acerca de la predestinación giró alrededor del monje Gotescalco, quien había sido colocado en el monasterio de Fulda cuando aún era niño. Gotescalco se dedicó a estudiar las obras de San Agustín, y llegó a la conclusión, históricamente correcta, de que la iglesia de su tiempo se había apartado de las enseñanzas del Obispo de Hipona en lo que se refería a la predestinación. Por diversas razones, Gotescalco se había ganado la enemistad de sus superiores, y por tanto cuando dio a conocer sus opiniones acerca de la predestinación no faltaron quienes aprovecharon esa ocasión para atacarlo. Entre estos enemigos de Gotescalco se encontaban Rabán Mauro, abad de Fulda, y el poderoso arzobispo Hincmaro de Reims. Tras una serie de debates, Gotescalco fue declarado hereje y encerrado en un monasterio, donde se dice que perdió la razón poco antes de morir. Aunque algunos de los más eruditos pensadores de la época lo defendieron en algunos puntos, resultaba claro que la iglesia no estaba dispuesta a aceptar las doctrinas de San Agustín sobre la gracia y la predestinación, al tiempo que pretendía que era precisamente sobre el Santo de Hipona que basaba sus enseñanzas.

La otra controversia de importancia tuvo que ver con la presencia de Cristo en la Eucaristía. El motivo de esta controversia fue una obra del monje Radberto acerca *Del cuerpo y la sangre del Señor*. En ella, Radberto decía que cuando el pan y el vino eran consagrados se transformaban en el cuerpo y la sangre del Señor. Ya no eran pan y vino, sino el mismo cuerpo que nació de la Virgen María y que se levantó del sepulcro, y la misma sangre que corrió en el Gólgota. Según Radberto, aunque esta transformación tiene lugar de un modo misterioso, y los sentidos normalmente no pueden verla, hay casos extraordinarios en los que le es dado al creyente ver el cuerpo y la sangre del Señor, en lugar de pan y vino.

Cuando Carlos el Calvo leyó el tratado de Radberto, tuvo dudas acerca de lo que en él se decía, y le pidió aclaraciones al monje Ratramno de Corbie. Este le contestó que, aunque el cuerpo de Cristo está verdaderamente presente en la comunión, esa presencia no es la misma de cualquier otro cuerpo, y que en todo caso el cuerpo eucarístico no es el cuerpo histórico de Jesús, que se encuentra en el cielo a la diestra del Padre.

Esta controversia nos muestra que fue durante el período oscuro que siguió a las invasiones de los bárbaros que empezó a tomar forma la doctrina según la cual el pan y el vino se transforman en el cuerpo y la sangre del Salvador, y dejan de ser pan y vino. En el período carolingio, aunque esta opinión se había generalizado, los más estudiosos sabían que se trataba sólo de una exageración popular. Poco después comenzará a hablarse de un "cambio de sustancia", y por fin en el siglo XIII el Cuarto Concilio de Letrán (año 1215) promulgaría la doctrina de la transubstanciación.

Estas son sólo unas pocas de las muchas controversias que tuvieron lugar durante el período carolingio. A primera vista, podríamos pensar que se trata de una serie de discusiones sin sentido, que no llevaron a conclusión alguna. Pero cuando vemos lo que estaba teniendo lugar dentro del contexto de los siglos anteriores, veremos por qué algunos historiadores se refieren al "renacimiento carolingio". En medio de la oscuridad y el caos que parecían reinar por doquier durante los primeros siglos de la Edad Media, el período carolingio pareció ser un nuevo comienzo.

El renacimiento carolingio fue relativamente efímero. Un siglo después de la coronación de Carlomagno en Roma, sus posesiones estaban divididas entre varios potentados, y el título imperial se había vuelto un honor casi vacío. Pero el hecho mismo de que se había vuelto a crear el Imperio Romano de Occidente anunciaba el día en que ese Imperio, junto al papado y al monaquismo, sería uno de los factores determinantes en el curso de la Europa y la iglesia medievales.

VIII.
La iglesia de Oriente después de las conquistas árabes

Hasta nosotros han llegado muchos cristianos, algunos de ellos italianos, otros griegos y otros alemanes, y nos han hablado cada cual a su modo. Pero nosotros los eslavos somos gente sencilla, y no tenemos quien nos enseñe la verdad [...]. Por tanto te rogamos nos envíes a alguien capaz de enseñarnos toda la verdad.

Ratislao de Moravia a
Miguel de Constantinopla

En el capítulo IV seguimos el curso de la iglesia bizantina hasta que terminó la querella acerca de las imágenes. Poco después vimos que cuando estaba teniendo lugar esa disputa el Imperio Bizantino había perdido todas sus posesiones en Africa y Asia, excepto el Asia Menor. Al mismo tiempo, el Occidente se independizaba cada vez más de la tutela de Constantinopla, hasta que llegó a coronar a su propio emperador en la persona de Carlomagno. Dadas tales circunstancias, podría suponerse que la iglesia oriental caería en un período de decadencia. Y esto fue en cierta medida lo que sucedió. Pero aquella iglesia, cercada al este y al sur por los musulmanes, llevó a cabo una activa labor misionera hacia el norte y el noroeste, al tiempo que trataba de zanjar sus diferencias con el cristianismo occidental. Luego, estos dos aspectos de la vida de la iglesia bizantina, sus misiones y sus relaciones con Roma, ocuparán nuestra atención en el presente capítulo.

182 / La era de las tinieblas

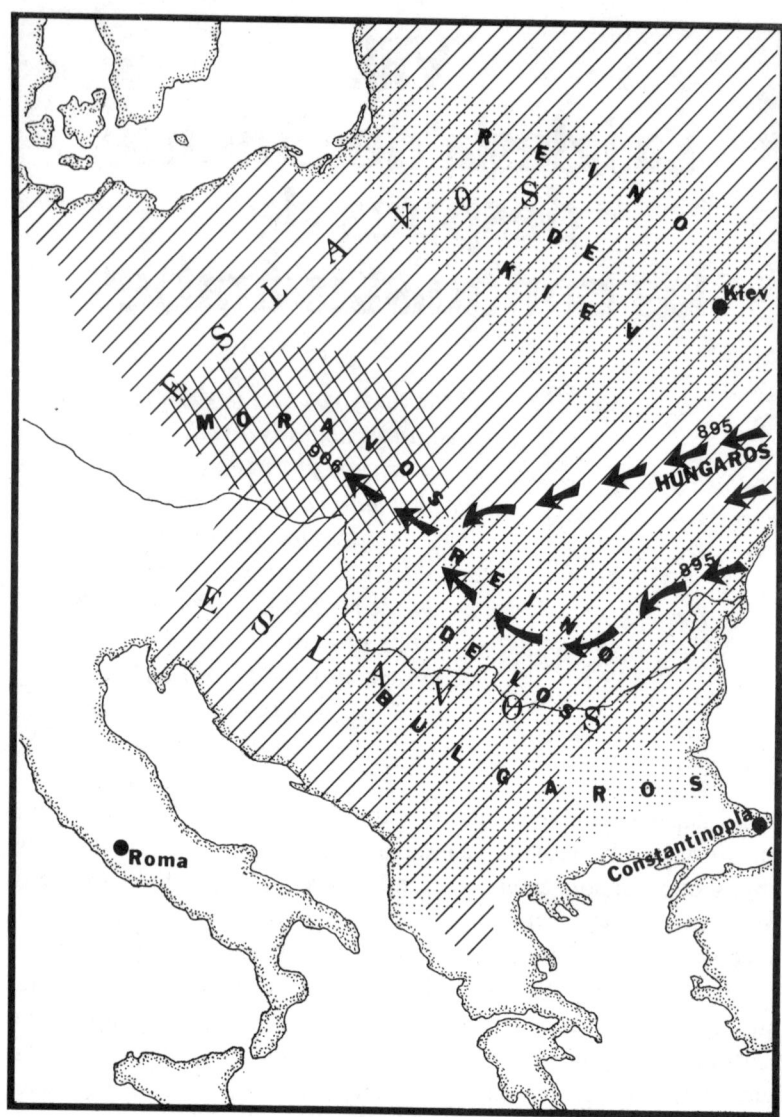

Las misiones bizantinas

La expansión del cristianismo bizantino

Tras los germanos, otros pueblos se habían establecido en la Europa central. De estos el más numeroso era el de los eslavos, cuyas diversas ramas ocupaban lo que hoy es Polonia, los países bálticos, y parte de Rusia, Checoslovaquia, Yugoslavia y Grecia. Los que habían cruzado el Danubio se encontraban bajo el gobierno, al menos nominal, de Constantinopla. Los demás estaban divididos en diversas tribus y reinos. Poco después los búlgaros se habían adueñado de buena parte de la cuenca del Danubio, donde gobernaban sobre una población formada por eslavos y por antiguos súbditos de Bizancio.

Esto quería decir que el gobierno de Constantinopla tenía que cuidar sus fronteras, no sólo contra los musulmanes al sur y al este, sino también contra los búlgaros al norte.

En tales circunstancias, la carta del rey Ratislao de Moravia que hemos citado al principio de este capítulo fue recibida en Constantinopla como una bendición del cielo. Los moravos eran un pueblo eslavo cuyos territorios se encontraban al norte de los búlgaros. Luego, si Constantinopla lograba establecer una alianza con ellos, el peligro búlgaro se vería reducido.

También Ratislao tenía sus razones para buscar contactos más estrechos con Constantinopla. Durante algún tiempo sus vecinos germanos del oeste, que eran parte del Imperio de Occidente, habían estado tratando de lograr su conversión. Pero esa conversión era claramente un medio de conquista, pues se intentaba aplicar a los moravos los mismos métodos que Carlomagno había empleado en el caso de los sajones. Para los moravos, su conversión al cristianismo occidental equivaldría a perder su independencia. Por tanto, Ratislao tenía razones políticas para establecer contactos más estrechos con Constantinopla, que no trataría de utilizar su conversión al cristianismo como un medio de dominio directo sobre el país.

Para responder a la petición de Ratislao, Miguel decidió enviarle a dos hermanos, Cirilo (también conocido por Constantino) y Metodio. Estos dos misioneros se habían criado en los Balcanes, donde había muchos eslavos, y por tanto conocían su idioma. Además, en otra empresa misionera emprendida algún tiempo antes en la península de Crimea, habían mostrado su habilidad. En Moravia, Cirilo y Metodio se dedicaron a la enseñanza, la predicación y la organización de la iglesia. Pero el aspecto más importante de su obra fue la tarea de reducir el idioma eslavo a la escritura, diseñar un alfabeto para ese propósito, y después traducir al eslavo tanto la Biblia como la liturgia de la iglesia y otros libros. El alfabeto cirílico (que así se llama en honor de su creador) era una adaptación del griego, y hasta el día de hoy se utiliza en varios idiomas de origen eslavo.

Empero los germanos no estaban dispuestos a permitir que los territorios moravos, hacia donde habían dirigido su codiciosa mirada, se les escaparan de las manos. Pronto los misioneros germanos comenzaron a intrigar contra Cirilo y Metodio, sobre todo por cuanto parecía que el país estaba siguiendo un proceso de conversión en masa. Por tanto, acusaron a los dos hermanos de herejía por celebrar la misa en el idioma del pueblo, aduciendo que sólo era lícito celebrar los sagrados misterios en hebreo, griego o latín. La acusación llegó a Roma, y hacia ella se dirigieron nuestros dos misioneros, deseosos de defender su causa. Con este paso comenzaban una política difícil, pues Roma y Constantinopla se disputaban el dominio eclesiástico sobre la región de Moravia y sus alrededores. En todo caso, los papas Adriano II y Juan VII tomaron partido frente a los germanos, que les pare-

En el año 906, los húngaros invadieron la región y destruyeron el reino de los moravos.

cían estarse volviendo demasiado poderosos. Tras la muerte de Cirilo en el 869, Juan VII consagró a Metodio arzobispo de Sirmio, con jurisdicción sobre toda la zona disputada. Esto colocó al misionero bajo la protección de Roma, pero lo distanció tanto de Constantinopla como de los germanos. Esta enemistad llegó a tal punto que cuando Metodio iba camino de su diócesis fue apresado y encarcelado por largo tiempo por órdenes del arzobispo de Salzburgo. Pero por fin fue puesto en libertad y regresó a Moravia, donde continuó laborando hasta su muerte en el 885.

Tras la muerte de Cirilo y Metodio, la labor misionera entre los eslavos siguió dividida entre los occidentales y los bizantinos. Pronto la iglesia que ellos habían fundado en Moravia sucumbió, pues en el año 906 los húngaros invadieron la región y el reino moravo se deshizo. Algunos de sus conversos huyeron a territorios de los búlgaros, que se habían convertido poco antes. Otros continuaron practicando su religión bajo los húngaros. En cuanto a los demás pueblos eslavos, unos se unieron a la cristiandad occidental, y otros siguieron la inspiración de Bizancio. Por esto las naciones modernas de Polonia, Estonia, Lituania y Latvia son tradicionalmente católicas romanas, mientras que Rusia se sumó a la tradición oriental, poco más de un siglo después de la obra de Cirilo y Metodio.

Empero, para seguir un orden cronológico, antes de tratar acerca de la conversión de Rusia debemos ocuparnos de los acontecimientos que tuvieron lugar entre los búlgaros. También entre ellos había habido misioneros tanto latinos como bizantinos. De hecho, según veremos en la próxima sección de este capítulo, la cuestión de si los búlgaros estarían bajo la jurisdicción eclesiástica de Roma o la de Constantinopla fue uno de los factores que contribuyeron a aumentar las tensiones entre el cristianismo oriental y el occidental.

En el año 865 el rey de los búlgaros, Boris, decidió abrazar el cristianismo, pues en sus territorios había numerosos misioneros, tanto latinos como bizantinos. Tras recibir el bautismo, el Rey quiso que la iglesia en su país contara con un arzobispo, y así se lo pidió a Focio, el patriarca de Alejandría. Puesto que Focio le pidió más detalles y le impuso condiciones, el Rey se dirigió al papa Nicolás, quien se contentó con enviarle dos obispos y ofrecerle la opinión de los occidentales acerca de varias cuestiones de fe y de costumbres. Uno de esos obispos, Formoso de Oporto, logró ganarse la buena voluntad del Rey, quien le pidió al Papa que nombrara a Formoso arzobispo de los búlgaros. Pero Nicolás le contestó que Formoso era ya obispo de Oporto, y que estaba prohibido trasladar un obispo de una sede a otra. Molesto por la respuesta papal, Boris se volvió de nuevo hacia Constantinopla, donde el nuevo patriarca, Ignacio, consagró a un arzobispo y varios obispos para que dirigieran y organizaran la vida de la iglesia en Bulgaria.

La impaciencia de Boris con Roma y Constantinopla no ha de interpretarse como los caprichos de un rey malcriado. Al contrario, Boris parece haber sido un cristiano convencido que de veras quería que su país conociese el evangelio, y que por tanto perdía la paciencia ante las sutilezas y suspicacias del Papa y del Patriarca. Tras largos años de reinado, Boris decidió retirarse a la vida monástica, y abdicó a favor de su hijo Vladimir. Pero el nuevo rey pronto se puso a la cabeza de una reacción pagana, y su padre salió del monasterio, lo depuso, y colocó sobre el trono a Simeón, hermano menor de Vladimir.

Bajo Simeón el cristianismo avanzó rápidamente en Bulgaria. El Rey, que antes de ser coronado había sido monje, trajo a su país varios discípulos de Cirilo y Metodio, quienes se ocuparon de la labor misionera entre sus súbditos eslavos. Además, hizo traducir al búlgaro las Escrituras y otros libros cristianos. La iglesia de ese país siguió entonces las tradiciones orientales, aunque al mismo tiempo afirmó su independencia de Constantinopla. En el año 917 el Rey tomó el título de "zar", es decir, César o emperador, y en el 927 su arzobispo tomó el nombre de "patriarca". Aunque al principio las autoridades de Constantinopla consideraron que tales títulos constituían una usurpación, a la postre los reconocieron.

El otro país en que las misiones bizantinas tuvieron un éxito notable y duradero fue Rusia. Aunque la mayoría de la población era eslava, se hallaba sometida al régimen de los escandinavos, que habían invadido el país desde el norte. Según veremos en el próximo capítulo, durante esta época los pueblos escandinavos se lanzaron a una serie de ataques e invasiones por toda Europa. Sus conquistas en Europa oriental los hicieron dueños de Rusia, donde establecieron un reino cuya capital fue primero Novgorod y después Kiev.

Alrededor del año 950, la reina Olga, quien había estado en contacto con misioneros de origen germano, se convirtió al cristianismo, y trató de lograr la conversión de sus súbditos. Pero sus esfuerzos no lograron resultados permanentes, y fue el rey Vladimir, nieto de Olga, quien logró que el cristianismo empezara a echar raíces profundas en el país. Por razones que no están del todo claras, Vladimir hizo venir misioneros, no del Occidente, sino del Imperio Bizantino. Las fuentes tampoco concuerdan en cuanto a si usó de la fuerza para lograr la conversión de sus súbditos, como lo hicieron otros reyes escandinavos. Pero sí resulta claro que fueron millares los que, por una razón u otra, lo siguieron a la fuente bautismal.

El hijo de Vladimir, Yaroslav, continuó su obra, y estableció lazos cada vez más estrechos con Constantinopla, al tiempo que se apartaba de Roma y del cristianismo occidental. Esta conversión en masa, al principio indudablemente superficial, echó sin embargo profundas raíces. Cuando, en el año 1240, los mogoles invadieron el país, y lo tuvieron subyugado por más de dos siglos, fue la fe cristiana el vínculo nacional que les permitió a los rusos sobrevivir como nación y por fin echar el yugo mogólico. En el siglo XVI, tras la conquista de Constantinopla por los turcos, los rusos declararon que Moscú era "la tercera Roma", su rey tomó el título imperial de "zar", y el metropolitano de Moscú comenzó a llamarse "patriarca".

En resumen, aunque sus fronteras se hallaban amenazadas constantemente por musulmanes, búlgaros y otros, el cristianismo bizantino logró dejar su sello tanto en Bulgaria como en Rusia, y ese sello no se ha borrado hasta nuestros días.

Las relaciones con Roma

Tras la querella de las imágenes, las relaciones entre Roma y Constantinopla fueron haciéndose cada vez más tensas. Roma no necesitaba ya del apoyo del emperador de Constantinopla, puesto que en Carlomagno y sus sucesores se había procurado sus propios emperadores. Además, la prolongada controversia acerca de las imágenes había convencido a los occidentales de que el cristianismo oriental estaba de tal modo supeditado a los caprichos imperiales que fácilmente podía dejarse llevar hacia la herejía. Por su parte, los orientales no gustaban del modo en que los papas comenzaban a referirse a sí mismos como si gozaran de una autoridad universal, más bien que como patriarcas de Occidente.

Todas estas razones llevaron por fin al cisma entre el patriarca Focio y el papa Nicolás I. Focio le debía su posición a una revolución de palacio, cuyos jefes habían depuesto al patriarca Ignacio para colocarlo a él en su lugar. Era un hombre estudioso, devoto y sincero, pero no gozaba del apoyo del pueblo, ante cuyos ojos Ignacio era casi un mártir. Puesto que ambos partidos pedían el apoyo del Papa, Nicolás intervino en el asunto, y se declaró a favor de Ignacio, a quien consideraba injustamente depuesto. Por su parte, Focio y los suyos declararon que el Papa y todos los occidentales eran herejes, pues le habían añadido al credo la palabra *Filioque*. Además, era la época en que Boris, el rey de Bulgaria, se mostraba dispuesto a aceptar el cristianismo, y Focio insistía en que ese país quedaba bajo su jurisdicción, mientras el Papa lo reclamaba para sí.

Por fin el cisma fue superado. Los vientos políticos cambiaron en Constantinopla, e Ignacio fue restaurado a su sede. Algún tiempo después se llegó a un acuerdo según el cual, a la muerte del anciano Ignacio, sería Focio quien lo sucedería. De este modo, el problema quedó resuelto en Constantinopla. Pero era todavía necesario resolver la cuestión de las relaciones rotas con Roma. A la postre, se llegó a un acuerdo según el cual Roma reconocería a Focio como patriarca de Constantinopla, y este último accedería a las pretensiones romanas sobre Bulgaria. Al llegar a este acuerdo, Focio y el nuevo papa, Juan VIII, no contaban con Boris, quien a pesar de lo acordado decidió continuar sus relaciones con Constantinopla más bien que con Roma. Pero en todo caso estas negociaciones pusieron fin al cisma.

Empero las causas del conflicto eran mucho más profundas. Desde tiempos antiquísimos, las tradiciones cristianas del Oriente habían sido distintas de las del Occidente. A esto se sumaban barreras culturales y políticas. Y el papado reclamaba para sí cada vez mayores prerrogativas, contra los usos antiguos a los que el Oriente estaba acostumbrado. Por todo ello, el cisma de

Focio, a pesar de haber quedado subsanado, fue el preludio de la ruptura definitiva. Esta se produjo por motivos al parecer insignificantes. A mediados del siglo XI, el arzobispo búlgaro León de Acrida escribió una carta en la que atacaba a los cristianos latinos por utilizar pan sin levadura en la comunión, y por hacer del celibato eclesiástico una ley universal. Estas cuestiones, al parecer de importancia secundaria, pronto llevaron a una disputa tal que el papa León IX decidió enviar una embajada a Constantinopla. Desafortunadamente, el jefe de esa embajada era el cardenal Humberto, celoso reformador de la iglesia, según veremos en otro lugar de esta historia. La reforma por la cual Humberto abogaba en el occidente iba dirigida principalmente contra las violaciones del celibato eclesiástico (el "nicolaísmo") y la compra y venta de cargos en la iglesia (la "simonía"). Por tanto, el fogoso cardenal, que para colmo de males no sabía griego, veía en las prácticas orientales los mismos enemigos contra los que luchaba en el Occidente. El matrimonio de los clérigos le parecía poco mejor que el concubinato de los nicolaítas. Y la autoridad de que los emperadores gozaban sobre la iglesia no era para él sino otra forma de simonía.

El debate se volvió cada vez más enconado. Humberto y el patriarca Miguel Cerulario intercambiaron insultos. Por fin, el 16 de julio del 1054, cuando el Patriarca se preparaba para celebrar la comunión, el Cardenal se presentó en la catedral de Santa Sofía, y sobre el altar mayor colocó un documento en el que, en nombre del Papa (que de hecho había muerto poco antes) declaraba a Miguel Cerulario hereje, rompía la comunión con él, y extendía esa excomunión a cuantos lo siguieran.

Aunque después de esa fecha hubo períodos en los que, por diversas circunstancias, las iglesias de Roma y Constantinopla volvieron a establecer la comunión entre sí, puede decirse que a partir de entonces quedó consumado el cisma que había venido preparándose por siglos.

"De la furia de los normandos, líbranos Señor"

IX.
Antes del alba, la noche oscura

*A furore normannorum, libera nos
Domine: de la furia de los normandos,
líbranos Señor.*

Letanía latina del siglo X

Por un tiempo, Carlomagno pareció haber arrancado la Europa occidental de las tinieblas y el caos en que había estado sumida desde las invasiones de los germanos en los siglos IV y V. Pero el hecho es que las invasiones germánicas no habían terminado, y que aprovecharían la decadencia del imperio carolingio para reanudarse.

Los normandos o viquingos

Durante varios siglos, los territorios que hoy comprenden los países de Dinamarca, Suecia y Noruega habían estado ocupados por varios pueblos llamados "escandinavos". Durante el siglo VIII, sin embargo, estos pueblos, hasta entonces relativamente sedentarios, desarrollaron el arte de la navegación hasta tal punto que pronto se hicieron dueños de los mares vecinos. Sus naves, de más de veinte metros de largo, e impulsadas tanto por una vela cuadrada como por más de una docena de remos, podían llevar tripulaciones de ochenta hombres. En ellas, los escandinavos pronto emprendieron incursiones al resto de Europa, donde se les llamó "normandos", es decir, hombres del

Creían que los soldados muertos en batalla eran llevados al paraíso por las hermosas "valquirias".

norte. Su ferocidad era tanto mayor por cuanto se basaba en su religión, que les aseguraba que los soldados muertos en batalla eran llevados por las hermosas "valquirias" al paraíso o "valjala". Además, dada la desintegración del poderío carolingio, las ricas costas del norte de Francia quedaron relativamente indefensas, y los normandos descubrieron que podían impunemente desembarcar en una región, saquear sus iglesias, monasterios y palacios, capturar esclavos, y regresar a sus tierras con enorme botín. Puesto que frecuentemente atacaban los monasterios, se les tuvo por gente irreligiosa, y su nombre sembró el pánico en toda Europa.

Al principio los normandos limitaron sus ataques a las regiones más cercanas, en las Islas Británicas y en el norte de Francia. Pero pronto se volvieron más osados, ampliaron su campo de acción y se establecieron como conquistadores en diversos lugares. En Inglaterra, el rey de Wessex, Alfredo el Grande (871-899) fue el único que logró resistir su embate. Pero a

Las ricas costas del norte de Francia quedaron indefensas, y los normandos saqueaban aldeas, ciudades, iglesias y monasterios.

principios del siglo XI el rey de Dinamarca, Canuto, era dueño de toda Inglaterra. En Francia, los normandos tomaron y saquearon ciudades tales como Burdeos, Nantes y París, hasta donde llegaron remontando el Sena en el año 845. En España, saquearon lugares cristianos tales como Santiago de Compostela, y musulmanes tales como Sevilla. Después pasaron por el estrecho de Gibraltar, y empezaron a atacar las costas del Mediterráneo. A la postre se establecieron en el sur de Italia y en Sicilia, de donde expulsaron a los musulmanes y fundaron un reino normando.

Todas estas conquistas no podían sino sembrar el pánico y el

En el año 845, remontando el Sena, los normandos llegaron hasta París y la saquearon.

caos en Europa occidental. La efímera unidad que se había logrado bajo Carlomagno y Ludovico Pío se había roto, y no quedaba autoridad alguna capaz de oponerse a los desmanes de los escandinavos. Al mismo tiempo, esos desmanes contribuían al caos, y hacían más difícil todavía la restauración de las glorias carolingias.

Por estas razones un famoso historiador se ha referido al siglo X como "un siglo oscuro, de hierro y de plomo". Desde el punto de vista político, el Imperio logró cierto lustre hacia la segunda mitad del siglo, bajo Otón el Grande y sus sucesores inmediatos. Pero aun ese Imperio restaurado tuvo que ser un imperio de hierro y de plomo. Desde el punto de vista religioso, el papado descendió al nivel más bajo de su historia. En cuanto a los normandos, a la postre todos se hicieron cristianos. Algunos se establecieron en territorios antes cristianos, como la zona del norte de Francia que desde entonces se llamó "Normandía", y aceptaron la fe de los pueblos conquistados. Otros sencillamente esperaron a que, por diversas razones, sus reyes se hicieran cristianos, y entonces siguieron su ejemplo (o su imperioso mandato, según el caso). En la primera mitad del siglo XI, bajo el rey Canuto, quien llegó a gobernar toda Inglaterra, Dinamarca, Suecia y Noruega, casi todos los escandinavos eran ya cristianos, al menos de nombre.

Los magiares o húngaros

Al mismo tiempo que los normandos invadían la cristiandad occidental desde el norte, otro pueblo lo hacía desde el este. Se trataba de los magiares, a quienes el mundo latino dio el nombre de "húngaros" porque parecían comportarse como los hunos de antaño. Tras establecerse en lo que hoy es Hungría, los húngaros invadieron a Alemania repetidamente, y en más de una ocasión atravesaron el Rin. La lejana Borgoña tembló bajo los cascos de sus caballos, y hasta el extremo sur de Italia sus huestes marcharon, victoriosas y destructoras. Todo lo arrasaban a su paso, y ciudades enteras fueron incendiadas. Por fin, en el 936, Enrique I el Halconero los derrotó decisivamente, y desde entonces los atques de los húngaros, aunque repetidos, fueron menos temibles.

Poco a poco, los húngaros asimilaron la cultura de sus vecinos alemanes, y de los eslavos que les estaban sometidos. A Hungría llegaron misioneros tanto de Alemania como del Imperio Bizantino. A fines del siglo X, el rey Gueisa recibió el bautismo, así como su corte y su heredero, Vayk. En el año 997, Vayk, quien para entonces había tomado el nombre de Esteban, heredó la corona, e inmediatamente les ordenó a sus súbditos que se hicieran cristianos. Por la fuerza, el país se convirtió. Tras la muerte de Esteban en el 1038, el pueblo lo tuvo por santo, y por tanto se le conoce como San Esteban de Hungría.

La decadencia del papado

El ocaso del papado no fue tan rápido como el de los carolingios. Al contrario, al faltar la unidad imperial, y por un breve tiempo, los papas fueron la única fuente de autoridad universal en la Europa occidental. Por esa razón Nicolás I, quien reinó del 858 al 867, fue el papa más notable desde tiempos de Gregorio el Grande. El poder de Nicolás se vio aumentado por una colección de documentos supuestamente antiguos, las *Falsas Decretales*, que les daban a los papas enormes facultades. Los historiadores modernos han comprobado que las mentidas decretales fueron escritas, no por el papa, sino por ciertos miembros de la baja jerarquía alemana, que querían aumentar el poder del papado como un freno contra sus superiores directos. Pero en todo caso el hecho es que Nicolás creía, junto a toda Europa, que las *Decretales* eran genuinas, y a base de ellas actuó con una energía sin precedente. Buena parte de su actuación fue en pro de la paz, que a su parecer los poderosos rompían por razones triviales, mientras era el pueblo quien sufría los desmanes de la guerra. Además trató de intervenir en el caso del rey Lotario II, que había abandonado a su esposa para casarse con la que había sido su concubina desde su juventud.

El sucesor de Nicolás, Adriano II, siguió la misma política. Cuando Lotario y su corte se presentaron en Montecasino a la comunión en que el Papa oficiaba, éste lo conminó:

Si te declaras inocente del crimen de adulterio, por el que te excomulgó el papa Nicolás, y prometes nunca más tener relaciones ilícitas con la ramera Waldrada, acércate aquí con fe, y toma este sacramento para remisión de tus pecados. Pero si estás pensando volver a revolcarte en el pecado del adulterio, no lo recibas, para que no provoques el juicio terrible de Dios.

El Rey y todos los presentes temblaron, sobre todo por cuanto el Papa amonestó a los demás con palabras semejantes. Pero al fin de cuentas todos tomaron la comunión.

Poco después fue toda Europa la que tembló, al saber que una terrible plaga se había desatado en la corte del Rey, y que él y todos los que con él comulgaron aquel día habían muerto.

El próximo papa, Juan VIII, tuvo un reino mucho menos glorioso. Los sarracenos amenazaban a Italia, y el Papa apeló a Carlos el Gordo, a quien hizo rey de Italia. Pero después de recibir los honores debidos el nuevo rey marchó a Francia, donde le preocupaban las invasiones de los normandos, y el Papa tuvo que pedir auxilio a la corte bizantina. Este fue uno de los papas que tuvo que ver con el caso de Focio, que discutimos en el capítulo anterior, y la necesidad en que se encontraba lo obligó a hacer concesiones a los bizantinos que de otro modo no habría hecho. Por fin murió asesinado en su propio palacio, donde el ayudante que lo envenenó, al ver que demoraba en morir, le asestó un golpe de mallete en el cráneo.

A partir de entonces los papas se suceden unos a otros con rapidez vertiginosa. Su historia se vuelve tan complicada y tan llena de intrigas que aquí no podemos sino mencionar algunos acontecimientos que son típicos de aquellos tiempos. El papado se volvió manzana de discordia entre distintos partidos romanos y transalpinos. No faltaron los papas que fueron estrangulados, o que murieron de hambre en los calabozos en que los habían puesto sus sucesores. A veces hubo más de un papa, y hasta tres. Veamos algunos ejemplos.

En el año 897 Esteban VI presidió sobre el llamado "concilio cadavérico". Su antecesor Formoso, el mismo que antes había sido misionero entre los búlgaros, y que después había sido papa, fue desenterrado. Lo vistieron con la indumentaria papal y lo pasearon por las calles. Después lo juzgaron, lo declararon culpable de varios crímenes, le cortaron los dedos con que había bendecido al pueblo, y echaron el resto de su cuerpo al Tíber. En el 904 Sergio III hizo encarcelar y degollar a sus dos rivales, León V y Cristóbal I. Este mismo papa llegó al poder mediante el apoyo de una de las familias más poderosas y ambiciosas de Italia. A la cabeza de esta familia se encontraban el patricio Teofilacto y su esposa Teodora. El propio Sergio III era amante de la hija de Teofilacto y Teodora, Marozia. Y el hijo de esa unión después ascendió al trono papal bajo el nombre de Juan XI.

Poco después de la muerte de Sergio, Marozia y su esposo Guido, marqués de Tuscia, se adueñaron del palacio de Letrán e hicieron prisionero al papa Juan X, a quien después mataron cubriéndole el rostro con una almohada. Tras los breves papados de León VI y Esteban VII, Marozia colocó en la sede pontificia a Juan XI, el hijo que había tenido, años antes, de Sergio III.

Treinta años después de la muerte de Juan XI, un nieto de Marozia ocupaba el papado, bajo el nombre de Juan XII. Juan XIII era hijo de Teodora la joven, hermana de Marozia. Su sucesor, Benedicto VI, fue derrocado y estrangulado por Crescencio, hermano de Juan XIII. Juan XIV murió de hambre o envenenado en el calabozo en que lo puso Bonifacio VII, quien a su vez fue envenenado.

Durante un breve período el emperador Otón III intervino e hizo nombrar a dos papas, primero a su sobrino de veintitrés años, quien tomó el nombre de Gregorio V, y después al célebre erudito Gerberto de Aurillac, quien bajo el nombre de Silvestre II hizo todo cuanto estuvo a su alcance por reformar la iglesia, pero con poco éxito.

Empero a la muerte de Otón la familia de Crescencio se adueñó de nuevo del papado, hasta que los condes de Tusculum impusieron su voluntad e hicieron nombrar, sucesivamente, a Benedicto VIII, Juan XIX y Benedicto IX. Este último tenía quince años al ceñirse la tiara papal. Doce años después abdicó a cambio de que su padrino, quien lo sucedió con el nombre de Gregorio VI, le concediera ciertas rentas eclesiásticas procedentes de Inglaterra.

Gregorio VI trató de reformar la iglesia, pero pronto se encontró en una situación difícil, pues Benedicto IX, después de abdicar, volvió a reclamar el papado. Además, la familia de Crescencio, no contenta con haber perdido su antiguo poder, tenía su propio papa, quien se daba el nombre de Silvestre III.

En medio de aquel caos, Enrique III de Alemania decidió intervenir. Tras entrevistarse con Gregorio VI, reunió un sínodo en Sutri, en el año 1046. Este sínodo, siguiendo las directrices reales, declaró depuestos a los tres papas y nombró a Clemente II. Además promulgó una serie de decretos contra la corrupción eclesiástica, particularmente la compra y venta de cargos.

Clemente II murió tras un breve pontificado, y entonces Enrique III, a quien Clemente había coronado como emperador, decidió ofrecerle el trono papal al obispo de Tula, Bruno, conocido por su celo reformador, quien se negó a aceptar el pontificado mientras el pueblo de Roma no lo eligiera.

Con ese propósito, Bruno partió hacia Roma. En su pequeña comitiva iban dos monjes, Hildebrando y Humberto. Tras siglos de tinieblas, la cristiandad occidental clamaba por una nueva luz, y aquellos tres hombres se preparaban a ofrecerla.

DATE DUE

10/18/83			
"RESERVE"			
~~HYMN~~			
Church			
History			
NOV 1 1 1985			
DEC 2 9 1988			
APR 3 0 1990			
OCT 0 9 1992			
APR 2 2 1994			
5/10/94			

HIGHSMITH 45-102   PRINTED IN U.S.A.